Gestión de identidades y accesos: de cero a héroe

MARIA BRYGHT

Copyright © 2024 Maria Bryght

Todos los derechos reservados.

Dedicación

Este libro está dedicado a ustedes, los entusiastas deseosos de dominar las complejidades de la gestión de identidades y accesos. En una era en la que las identidades digitales constituyen la columna vertebral de todas las interacciones y transacciones, su papel no es sólo importante, sino indispensable.

Que esta obra sirva de guía e inspiración, iluminando el camino a través del intrincado paisaje de la IAM. Que sea un faro que le guíe a través de los retos de asegurar las identidades digitales, gestionar los derechos de acceso y salvaguardar las puertas de acceso a la información en un mundo cada vez más interconectado.

Afronte el viaje que tiene por delante con curiosidad, pasión y la búsqueda incesante de la excelencia.

Tabla de Contenidos

Introducción 11
    Importancia del IAM 12
    Retos y consideraciones 12
    Autenticación, autorización, Accounting 12
Autenticación 15
    Nombres de usuario 16
    Biometría 18
    Elementos de IAM 19
    Registro 21
    Autenticación y factores 23
    FAR y FRR 24
    Autenticación multifactor (MFA) 26
    Políticas de contraseñas 27
    Algo que tienes 29
    OTP, HOTP, TOTP 29
    Protocolos de contraseña 33
    CHAP Y PAP 34
    Consideraciones para las contraseñas 37
    Gobernanza y control de acceso 39
    RADIUS y TACACS 41
    Kerberos 44
    LDAP 48
    SAML 53
    Identity as a service (IDaaS) 57
    OAuth y OpenID Connect 58
    Autenticación con certificado 65
    Gobernanza de identidades y proveedores de identidad 66

- Single sign on (SSO) ... 67
- Autorización ... 70
  - Roles de usuario ... 72
  - Gestión de roles ... 73
  - Gestión de acceso privilegiado (PAM) ... 75
  - Solicitud de acceso ... 76
  - Mandatory access control (MAC) ... 77
  - Control de acceso discrecional (dac) ... 79
  - Listas de control de accesos (ACL) ... 80
  - Control de accesos a bases de datos ... 81
  - Denegación implícita ... 83
  - Control de accesos basado en roles (RBAC) ... 83
  - Control de acceso basado en atributos (ABAC) ... 86
  - Certificación de accesos ... 90
  - Separación de funciones (SoD) ... 94
- Supervisión (accountability) ... 98
  - Gestión de sesiones ... 99
  - Federación ... 101
  - Menor privilegio (least privilege) ... 104
  - Provisionamiento ... 105
  - Ciclo de vida del usuario ... 108
  - On boarding y off-boarding ... 111
  - Joiner, mover, leaver ... 112
  - Zero trust ... 115
  - Minado de roles ... 117
  - Accesos Just in time y acceso condicional ... 118
  - Gestión de cuentas ... 120
  - Tipos de cuentas ... 121
  - Políticas de cuentas ... 122

Conciliación 123

Monitoreo de cuentas 125

Sistemas y soluciones IAM 127

Active directory 130

Oracle Identity Manager 133

Okta 136

Azure Active Directory 139

Cyberark 142

Sailpoint 144

ADFS 147

Identidad en la nube 151

Gestión de permisos de la infraestructura en la nube (CIEM) 152

Métodos de defensa IAM 155

Gobernanza de identidades 155

Defensa en profundidad 157

Superficie de amenazas y métodos de ataque a los que se enfrentan las áreas IAM 159

Métodos de reparación y defensa en el ámbito IAM 161

Ataques de ingeniería social 163

Ataques de suplantación de identidad 164

Fraudes de identidad 166

Watering hole 167

Ingeniería social IRL 168

La identidad como núcleo de la seguridad 170

Qué hacen los profesionales de IAM 171

Gestor IAM como parte del blue team 174

Decisiones como parte de un equipo IAM 175

Empleos y funciones en el área de IAM 177

Primeros pasos como analista IAM junior 180

Puestos superiores de IAM 183
Cómo conseguir trabajo en IAM 184

Agradecimientos

Extiendo mi más profunda gratitud a una multitud de personas cuyas contribuciones han sido fundamentales para la creación de este libro. En primer lugar, a los innumerables expertos en IAM que han sentado las bases sobre las que se construye esta obra; su investigación pionera y sus implementaciones prácticas han allanado el camino para una comprensión más profunda de la Gestión de Identidades y Accesos.

Un agradecimiento especial a mis colegas y mentores en este campo, cuyas ideas y experiencias han enriquecido este texto de forma inconmensurable. Su disposición a compartir conocimientos y ofrecer orientación ha sido un faro de inspiración y ha dado forma de manera significativa a la narrativa de este libro.

Introducción

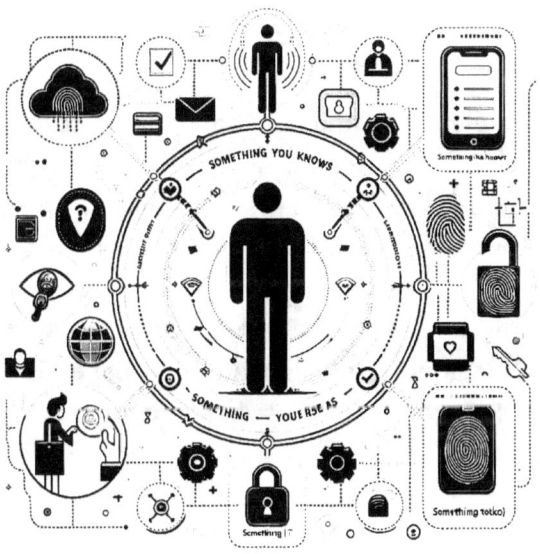

IAM, siglas de Identity and Access Management, es un marco de políticas, tecnologías y procesos que las organizaciones utilizan para gestionar las identidades digitales y controlar el acceso de los usuarios a la información crítica de sus sistemas. Los sistemas IAM permiten a los responsables de TI garantizar que las personas adecuadas (empleados, clientes o socios) tengan acceso a los recursos adecuados, en el momento adecuado y por las razones adecuadas. Esto abarca varios componentes y procesos, cada uno de los cuales desempeña un papel crucial en la protección de los activos digitales de la organización. En las siguientes secciones se detallan los aspectos fundamentales de la IAM en ciberseguridad.

Importancia del IAM

Los sistemas IAM desempeñan un papel fundamental en la seguridad de los datos de la organización, garantizando que sólo las personas autorizadas puedan acceder a la información y los recursos confidenciales. Ayudan a prevenir el acceso no autorizado, la violación de datos y el robo de identidad. Además, los sistemas IAM apoyan el cumplimiento de diversos requisitos normativos proporcionando herramientas para implementar y demostrar el control de acceso y las políticas de auditoría.

Retos y consideraciones

IAM es un elemento fundamental de la postura de seguridad de una organización, crucial para la protección contra el acceso no autorizado y las infracciones. Al gestionar eficazmente las identidades digitales y los derechos de acceso, las organizaciones pueden salvaguardar sus activos críticos a la vez que facilitan un entorno de trabajo seguro y eficiente. A medida que las amenazas a la ciberseguridad siguen evolucionando, el papel de la IAM para garantizar la seguridad de los recursos digitales es cada vez más importante.

Autenticación, Autorización, Accounting

Estos pilares forman el núcleo sobre el que se desarrollan todos los conceptos y estructuras posteriores. Profundizar en estos principios es una inversión que merece la pena para comprenderlos a fondo. Examinemos cada principio por separado.

La autenticación consiste en confirmar la identidad de un usuario cotejando su identidad declarada con algún tipo de prueba exclusiva de ese individuo, que sea difícil de falsificar o replicar. La validación correcta de tales identificadores, como una contraseña, garantiza el acceso, mientras que el fallo provoca la denegación. Conceptualmente, la autenticación puede verse como un proceso de dos componentes, que suele implicar algo inherente al individuo y algo en su posesión. En futuros debates se analizarán los matices de la autenticación y los distintos métodos para afirmar la identidad de una persona. La esencia de la autenticación es la necesidad de establecer la propia identidad de forma convincente.

La autorización, por su parte, se refiere a los privilegios a los que se concede acceso a un usuario dentro de un sistema. Se trata esencialmente de conceder permisos para acceder a recursos o datos específicos. Es fundamental entender que la autorización sólo se produce tras una autenticación correcta. Por ejemplo, después de iniciar sesión en un sitio web bancario (autenticación), el usuario obtiene acceso a los detalles de su cuenta (autorización), lo que significa que tiene permiso para acceder a esos datos. Los controles de autorización eficaces son vitales para que las organizaciones gestionen el acceso a la información sensible, garantizando que los usuarios tengan acceso sólo a lo que necesitan, lo que mejora significativamente las medidas de seguridad.

El tercer principio, accounting, implica el seguimiento y registro del uso de los recursos por parte de los usuarios autenticados y autorizados. A menudo denominado supervisión, incluye el registro de actividades como la duración de las sesiones, las interacciones de datos y las ubicaciones de acceso dentro del sistema. La importancia de la supervisión radica en su capacidad para verificar que el acceso proporcionado se utiliza adecuadamente y para detectar intentos de acceso no autorizados. La supervisión regular es especialmente crítica para salvaguardar los sistemas más vulnerables de posibles ciberataques.

Uniendo estos conceptos, consideremos un escenario en el lugar de trabajo: una tarjeta de empleado sirve como medio de autenticación, permitiendo la entrada a la oficina. Pasar la tarjeta para acceder a zonas específicas es una forma de autorización. Los informes de seguridad periódicos en los registros de entrada sirven como supervisión, garantizando sólo el acceso permitido.

En la fase inicial del control de acceso, conocida como identificación, un individuo simplemente afirma su identidad sin aportar ninguna prueba concreta. Esta fase implica simplemente afirmar una identidad, sin ninguna verificación, por lo que es posible que la afirmación sea inexacta o falsa. Imagínese una situación real en la que usted intenta entrar en un edificio de oficinas vigilado para una reunión. Te acercas al mostrador de seguridad y anuncias tu nombre: eso es la identificación.

La siguiente fase, la autenticación, requiere que la persona confirme su identidad a satisfacción del sistema de control de acceso. En el caso de un edificio de oficinas, podría ser necesario mostrar el carné de conducir al personal de seguridad para verificar la identidad.

Sin embargo, la autenticación por sí sola no garantiza el acceso; el sistema también debe determinar si usted tiene derecho a acceder a los recursos solicitados. Aquí es donde entra en juego la autorización. En el escenario físico, el personal de seguridad cotejaría su cita con un horario para confirmar sus derechos de acceso.

Es crucial distinguir entre las etapas de identificación y autenticación, comprendiendo los mecanismos específicos asociados a cada una.

Estos conceptos no se limitan al acceso físico, sino que también se aplican en el ámbito digital. Por lo general, la identificación digital implica introducir un nombre de usuario, que podría derivarse de su nombre. La autenticación podría entonces requerir una contraseña, entre otros métodos, que exploraremos más adelante en este libro. La autorización digital suele implicar la comprobación de las listas de control de acceso para determinar los permisos asignados a un usuario o grupo.

Los sistemas de control de acceso abarcan los procesos de identificación, autenticación y autorización cuando los usuarios buscan acceso a los recursos. Además, estos sistemas incluyen funciones de supervisión, lo que permite a los administradores supervisar las actividades de los usuarios y reconstruir los eventos a partir de los registros, un conjunto de funciones a menudo denominado AAA.

A la hora de diseñar sistemas de control de acceso, es esencial tener en cuenta los distintos mecanismos para ejecutar estas tareas y asegurarse de que son adaptables a entornos que integran recursos basados en la nube y locales, dando soporte a un sistema integral de gestión de identidades y accesos en diversas infraestructuras.

En resumen, la tríada de autenticación, autorización y supervisión constituye la piedra angular de la gestión de identidades y accesos, permitiendo a las organizaciones asegurar el acceso a los recursos de forma eficaz y verificar la integridad de dicho acceso.

AUTENTICACIÓN

Piense en su carné de conducir como identificación o utilice un pasaporte cuando viaje. Estos documentos autentifican su identidad. Del mismo modo, introducir una contraseña en un sitio web es una forma de verificación, que confirma la posesión de unos conocimientos específicos. La autenticación desempeña una función esencial en numerosos sistemas, garantizando que sólo acceden a ellos quienes tienen derecho a hacerlo. Exploremos los entresijos de la autenticación, la barrera inicial para acceder a los recursos necesarios.

La autenticación consiste en establecer la identidad de un usuario verificando su identidad declarada. El proceso de verificación suele requerir información única que es personal y difícil de replicar por otros. Si la verificación de las credenciales es satisfactoria, se concede el acceso, mientras que si falla, se deniega. La autenticación puede verse como un procedimiento de doble paso, que hace hincapié tanto en la identidad del usuario como en la posesión de algo único.

Inicialmente, la identificación requiere un ID de usuario, que representa la identidad del usuario, como una dirección de correo electrónico, un número de identificación de estudiante o una identificación propia. El segundo paso exige la prueba de algo único asociado al usuario, difícil de predecir. Entre las formas más comunes se encuentran las contraseñas o los PIN, muy utilizados para acceder a los recursos de las organizaciones y a los dispositivos personales.

La biometría está ganando popularidad como método de autenticación, utilizando características físicas únicas como prueba de identidad. Esto incluye huellas dactilares, patrones de voz o reconocimiento facial, todos ellos personales y únicos. Los dispositivos ofrecen cada vez más opciones de autenticación biométrica.

Otro método son los tokens, que pueden ser un dispositivo físico que genera un código que cambia con frecuencia, una tarjeta inteligente para acceder a un ordenador o un mensaje de texto que envía un código. La autenticación actúa así como una pasarela crucial, que requiere una prueba de identidad seguida de una validación con un factor único. Unas prácticas de autenticación sólidas garantizan que el acceso se asigne correctamente.

Nombres de usuario

La identificación es la piedra angular de cualquier sistema de control de acceso, ya que proporciona un medio para que los usuarios se presenten de forma única ante el sistema sin confundirse con los demás. Las dos formas de identificación más comunes son los nombres de usuario y las tarjetas de acceso, cada una de las cuales sirve para verificar la identidad de un usuario.

Los nombres de usuario son la forma de identificación más utilizada en los entornos digitales. A cada persona que accede a un sistema se le asigna un nombre de usuario único, a menudo basado en una combinación de sus nombres, como la inicial del nombre seguida del apellido. Este método simplifica el proceso de vincular un nombre de usuario a su propietario, facilitando su identificación por otras personas dentro de la organización. Hay que tener en cuenta que los nombres de usuario sirven únicamente para la identificación y no para la autenticación, por lo que no es necesario mantenerlos confidenciales.

Las tarjetas de acceso, por su parte, suelen emplearse en las organizaciones para la identificación física. Estas tarjetas suelen servir tanto de prueba de asociación con la organización como de medio para acceder a lugares físicos, como edificios de oficinas o zonas seguras, y ocasionalmente a sistemas digitales. Dependiendo de su diseño, las tarjetas de acceso pueden desempeñar funciones tanto de identificación como de autenticación.

La tecnología detrás de los lectores de tarjetas varía, con sistemas básicos que utilizan bandas magnéticas similares a las de las tarjetas de crédito. Sin embargo, las bandas magnéticas son relativamente fáciles de clonar con equipos accesibles, lo que las convierte en una opción menos segura para la autenticación. En cambio, las tarjetas inteligentes incorporan un chip de circuito integrado que aumenta significativamente la seguridad al dificultar su duplicación. Los usuarios introducen estas tarjetas en un lector o, en el caso de las tarjetas inteligentes sin contacto, basta con acercarlas a un lector para iniciar la comunicación a través de una antena incorporada.

Las tarjetas sin contacto pueden ser pasivas, que reciben energía del lector para activar el chip, o activas, equipadas con una batería y un transmisor que permiten la lectura a distancia. Aunque las tarjetas activas ofrecen la comodidad de una comunicación de mayor alcance, con el tiempo requieren la sustitución de la batería.

Independientemente de la tecnología elegida, el objetivo principal de un sistema de identificación es identificar a los usuarios de forma precisa y única, garantizando un control de acceso seguro y sin fisuras dentro de una organización.

BIOMETRÍA

La autenticación biométrica aprovecha rasgos físicos o de comportamiento únicos para verificar la identidad, sirviendo a la vez como medio para identificar y autenticar a los usuarios, categorizados bajo el factor de autenticación "algo que eres". Un sistema biométrico bien diseñado logra un equilibrio entre la facilidad de uso y la eficacia de la seguridad. Estos sistemas se caracterizan por una inscripción sencilla del usuario, posiblemente con ayuda administrativa, lo que garantiza una configuración rápida y sin complicaciones. Se caracterizan por un bajo índice de falsas aceptaciones, lo que minimiza el riesgo de acceso no autorizado, y un bajo índice de falsos rechazos, lo que evita denegar el acceso a usuarios legítimos. Además, estos sistemas están diseñados para ser mínimamente invasivos, con el objetivo de no incomodar a los usuarios.

Hoy en día se utilizan varios métodos de autenticación biométrica. Los escáneres de huellas dactilares, por ejemplo, son frecuentes en muchos dispositivos electrónicos personales. Este método permite a los usuarios registrar sus huellas dactilares durante la configuración inicial, facilitando una experiencia de identificación y autenticación sin fisuras. La autenticación por huella dactilar se favorece por su precisión y escasa invasividad.

Los escáneres oculares, que incluyen el reconocimiento del iris y la retina, proporcionan otra capa de seguridad biométrica. Sin embargo, algunos usuarios consideran que los escáneres oculares son intrusivos, lo que limita su aplicación principalmente a entornos que requieran un alto nivel de seguridad. El reconocimiento de la huella vocal, que verifica la identidad mediante patrones de voz, puede ser vulnerable a ataques de repetición, en los que un impostor utiliza una grabación de la voz del usuario. Por ello, la tecnología de huella vocal es menos común a menos que se combine con medidas de seguridad adicionales.

La tecnología de reconocimiento facial compara una captura en vivo de la cara de un usuario con una imagen almacenada. A pesar de la preocupación inicial por los altos índices de falsos rechazos y la percepción de intrusismo, las mejoras en la tecnología han hecho que el reconocimiento facial sea más fiable y cada vez más aceptado.

Además de estos métodos, se están explorando técnicas innovadoras que analizan los patrones de las venas, la geometría de las manos e incluso la forma de andar de una persona. La tendencia hacia la identificación biométrica refleja una preferencia cada vez mayor por métodos de autenticación cómodos y no tradicionales frente a otros convencionales basados en el conocimiento, como las contraseñas, lo que aumenta la seguridad al dificultar la elusión de la autenticación.

Elementos de IAM

Hablar de gestión de identidades y accesos implica comprender que la "identidad" -ya se refiera a un usuario, un individuo o una entidad- varía significativamente en los distintos contextos organizativos. Reconocer los distintos usuarios relevantes para su negocio le permite definir los permisos específicos que cada uno debe tener. Examinemos las distintas categorías de identidad.

Principalmente, un usuario suele ser un individuo, como un empleado, contratista o proveedor, que necesita acceder a los sistemas de su organización. Otra categoría de identidades incluye a los agentes, que son individuos o entidades autorizados a realizar acciones en nombre de otro. Por ejemplo, asignar a su asistente la tarea de reservar un viaje bajo su identidad, pero en su nombre, ilustra este punto.

Los dispositivos o sistemas, como su portátil personal o un servidor, representan otro tipo de usuario. Necesitan identidades para controlar sus actividades dentro de la red. Del mismo modo, a las cuentas, que pueden necesitar acceso al sistema para recuperar datos o ejecutar acciones, también se les asignan identidades con fines de seguimiento de la actividad. Por ejemplo, un sistema bancario que procese transacciones entre cuentas debe reconocer la identidad de cada cuenta para verificar los permisos de dichas acciones.

Para gestionar varios usuarios bajo una misma identidad, resultan prácticos los grupos de usuarios. Este concepto permite la gestión colectiva de permisos para grupos, como los distribuidores que acceden a una zona común del sistema. Por el contrario, los roles designan a usuarios individuales con funciones específicas, como los contables, y asignan permisos estandarizados basados en dichos roles.

Comprender a sus usuarios es fundamental para determinar los permisos, o autorizaciones, que recibirán. Lo ideal sería que todas las identidades carecieran inicialmente de permisos, para garantizar que no se produzcan actividades no autorizadas dentro de la red hasta que se conceda un acceso específico. Los permisos pueden enfocarse de varias maneras.

Muchas organizaciones adoptan una estrategia de ampliación, comenzando con un "acceso por derecho de nacimiento" (birthright Access) básico para todos los nuevos empleados, que normalmente incluye acceso a la red, al correo electrónico y a Internet. A continuación, el empleado o su superior solicitan permisos adicionales para el sistema según sus necesidades. Alternativamente, los permisos basados en roles asignan el acceso según las funciones del puesto, y cada rol recibe el acceso relevante para sus obligaciones, como el acceso al sistema financiero para los contables.

Las políticas pueden refinar aún más el acceso, especificando las condiciones bajo las cuales los usuarios pueden realizar ciertas acciones o acceder a sistemas específicos. Por ejemplo, una política puede restringir el acceso al sistema a las direcciones de correo electrónico de la empresa u ordenar que sólo los dispositivos gestionados por la empresa puedan conectarse a determinadas partes de la red.

Al definir las distintas identidades de usuario dentro de su organización y perfilar cuidadosamente su acceso, se asegura de que se concede el nivel de acceso adecuado a las personas y sistemas correctos, mejorando la seguridad y la eficiencia.

REGISTRO

Al configurar nuevos usuarios en un sistema, es esencial concederles credenciales de acceso iniciales. Este proceso de configuración implica recopilar información sobre el usuario y establecer su presencia digital en el sistema. La parte crítica de esta configuración es la verificación de identidad, que confirma que el individuo es realmente quien dice ser. Veamos los pasos de este proceso.

El proceso de configuración se divide en cuatro etapas principales. En primer lugar, hay que presentar una solicitud para añadir un nuevo usuario o entidad al sistema. Por ejemplo, en el momento de la contratación, un responsable puede solicitar acceso al sistema para un nuevo miembro del equipo. A continuación, esta solicitud debe ser ratificada por una persona distinta de la que la ha realizado, lo que garantiza que la autoridad y la toma de decisiones se distribuyen de acuerdo con las políticas de la organización. En los casos de contratación, un directivo de nivel superior o un departamento diferente podría revisar y aprobar la solicitud.

Posteriormente, la autoridad de registro designada lleva a cabo la verificación de identidad y otras comprobaciones necesarias de acuerdo con las normas de la organización. Esta autoridad suele estar centralizada, normalmente en el departamento de recursos humanos, y es responsable de garantizar la legitimidad de la identidad de la nueva entidad.

El último paso consiste en expedir las credenciales reales al nuevo usuario, idealmente por una persona distinta de las implicadas en los pasos anteriores, para mantener una separación de funciones y minimizar el riesgo de errores o fraude.

Esta separación a lo largo del proceso de registro es crucial para la seguridad y la integridad. Garantiza que al menos dos partes diferentes coincidan en la adición de la nueva entidad, reduciendo el riesgo de adiciones no autorizadas. También permite una verificación independiente de la identidad del nuevo usuario, con la emisión final actuando como una última comprobación para asegurar que todos los procedimientos se han seguido correctamente.

La verificación de la identidad, o comprobación, es una parte vital de este proceso, ya que proporciona la base para confiar en las credenciales emitidas. El rigor de este paso varía según la organización, pero suele implicar la presentación de varias formas de identificación, que pueden incluir la comprobación de antecedentes. Por ejemplo, las directrices pueden recomendar la presentación de dos documentos de identidad con fotografía expedidos por el gobierno. El objetivo es utilizar documentos que establezcan sólidamente la identidad del individuo.

Para funciones más delicadas, sobre todo en organismos gubernamentales, podrían utilizarse las huellas dactilares para cotejar los antecedentes penales y militares. También son habituales las comprobaciones de antecedentes, desde penales hasta investigaciones más exhaustivas, para confirmar la idoneidad de la persona para el puesto.

Una vez completados estos pasos de verificación de identidad, la organización puede emitir con confianza las credenciales necesarias, habiendo establecido una identidad fiable para el nuevo usuario. Este proceso exhaustivo garantiza el acceso seguro y adecuado de las personas al sistema.

AUTENTICACIÓN Y FACTORES

Tras establecer su identidad con un sistema, el siguiente paso es corroborar esa afirmación mediante la autenticación. Las plataformas digitales ofrecen diversos métodos para autenticar la identidad del usuario. Examinemos tres categorías principales de factores de autenticación: basada en el conocimiento, biométrica y basada en la posesión.

La forma de autenticación más extendida es la basada en el conocimiento, que suele implicar una contraseña que el usuario memoriza e introduce durante la fase de autenticación. Es aconsejable que los usuarios generen contraseñas robustas, que incorporen una larga mezcla de letras mayúsculas y minúsculas, números y caracteres especiales. Una estrategia práctica para crear una contraseña sólida es utilizar una frase de contraseña, que es a la vez segura y fácil de recordar. Por ejemplo, convertir una frase como "las fresas cubiertas de chocolate son deliciosas" en un formato de contraseña aumenta su fuerza al tiempo que la mantiene intuitiva.

Otra forma de autenticación basada en el conocimiento son las claves de acceso, que son claves secretas utilizadas para controlar el acceso al sistema.

La autenticación biométrica, que representa el factor "algo que eres", utiliza rasgos físicos únicos para la verificación, como huellas dactilares, reconocimiento facial o patrones de voz.

El factor "algo que tienes" requiere que el usuario posea un dispositivo específico, como un smartphone o un token de seguridad, para acceder al sistema.

Además de estos factores primarios, otros métodos, denominados atributos de autenticación, pueden incluir la autenticación basada en la ubicación, patrones de comportamiento (por ejemplo, dinámica de pulsación de teclas), rasgos personales o identificación a través de terceros. Sin embargo, estos atributos suelen considerarse complementarios y es mejor utilizarlos junto con los principales factores de autenticación.

Es crucial señalar que, dentro de la comunidad de la ciberseguridad, los principales factores de autenticación reconocidos son los basados en el conocimiento, los biométricos y los basados en la posesión. La eficacia de estos métodos de autenticación se evalúa a través de las tasas de error, incluidas las falsas aceptaciones (acceso no autorizado) y los falsos rechazos (denegación de acceso a usuarios legítimos). Estos errores se cuantifican mediante la tasa de falsa aceptación (FAR) y la tasa de falso rechazo (FRR), respectivamente. Ni el FAR ni el FRR proporcionan por sí solos una medida exhaustiva de la solidez de un método de autenticación. Se utiliza una métrica equilibrada conocida como tasa de error de cruce (CER), que indica un punto en el que FAR y FRR son iguales, ofreciendo una visión más holística de la precisión de autenticación del sistema.

FAR y FRR

En el contexto de la Gestión de Identidades y Acceso (IAM, por sus siglas en inglés), los términos Tasa de Falsos Aceptados (FAR, por sus siglas en inglés) y Tasa de Falsos Rechazos (FRR, por sus siglas en inglés) son indicadores críticos del rendimiento de los sistemas de autenticación que utilizan tecnologías de verificación basadas en biometría, aunque también pueden aplicarse en otros contextos de autenticación.

Tasa de Falsos Aceptados (FAR)

La Tasa de Falsos Aceptados, también conocida como Tasa de Aceptación Falsa, es la probabilidad de que el sistema de seguridad permita de manera incorrecta el acceso a un individuo no autorizado. En términos más técnicos, es la medida de la frecuencia con la que alguien que no debería ser aceptado por el sistema es incorrectamente verificado o autenticado como un usuario legítimo.

Un FAR alto puede ser indicativo de un sistema de autenticación menos seguro, donde hay más probabilidades de que se conceda acceso a personas no autorizadas. Este es un riesgo significativo, especialmente en entornos donde la seguridad es crítica, como instalaciones gubernamentales, militares o de infraestructura crítica.

Tasa de Falsos Rechazos (FRR)

La Tasa de Falsos Rechazos, también conocida como Tasa de Rechazo Falso, es la probabilidad de que el sistema de seguridad rechace incorrectamente a un individuo autorizado, negándole el acceso basado en la prueba de autenticación fallida. Esto ocurre cuando un usuario legítimo no es reconocido correctamente por el sistema como tal.

Un FRR alto puede resultar en una experiencia de usuario pobre y frustrante, ya que usuarios legítimos son frecuentemente impedidos de acceder al sistema o servicio que legítimamente tienen derecho a usar. Esto puede ser especialmente problemático en entornos críticos donde el acceso rápido y eficiente es necesario, como en hospitales o servicios de respuesta a emergencias.

Equilibrio entre FAR y FRR

En la práctica, los diseñadores de sistemas IAM deben encontrar un equilibrio adecuado entre FAR y FRR, lo cual depende críticamente del contexto específico de aplicación. Este equilibrio se maneja ajustando el "umbral de decisión":

Aumentar el umbral puede disminuir el FAR (menos falsos positivos, más seguridad) pero aumentará el FRR (más falsos negativos, peor experiencia de usuario).

Disminuir el umbral tendrá el efecto contrario, reduciendo el FRR pero aumentando el FAR.

Umbral de Decisión y la Curva ROC

Para visualizar y seleccionar el mejor compromiso entre FAR y FRR, se utilizan las Curvas de Operación del Receptor (ROC, por sus siglas en inglés). Estas curvas plotean el FAR en el eje X contra el 1-FRR (tasa de verdaderos positivos) en el eje Y para diferentes configuraciones de umbral, ayudando a identificar el punto óptimo donde el rendimiento del sistema de autenticación maximiza la seguridad y la usabilidad.

En conclusión, FAR y FRR son métricas fundamentales en el diseño, evaluación y operación de sistemas de IAM, indicando la seguridad y la usabilidad del sistema, respectivamente. El desafío está en equilibrar estos factores de manera que se minimicen ambos errores, optimizando así la eficacia del sistema de autenticación.

Autenticación multifactor (MFA)

Los tres pilares ampliamente reconocidos de la autenticación consisten en factores basados en el conocimiento (como las contraseñas), factores de inherencia (como la biometría, incluidas las huellas dactilares) y factores de posesión (por ejemplo, un token de seguridad o un smartphone). Por separado, cada método ofrece cierto grado de seguridad, pero también tiene sus vulnerabilidades. Por ejemplo, las estafas de phishing pueden poner en peligro las contraseñas, permitiendo a impostores hacerse pasar por usuarios legítimos. Del mismo modo, los tokens físicos, como las tarjetas inteligentes, pueden perderse o ser robados, permitiendo potencialmente el acceso no autorizado a quien los encuentre.

La estrategia más eficaz para mitigar estas vulnerabilidades es integrar múltiples métodos de autenticación de diferentes categorías, una práctica conocida como autenticación multifactor (MFA). Al fusionar, por ejemplo, una contraseña (un factor de conocimiento) con una tarjeta inteligente (un factor de posesión), el sistema de seguridad se vuelve significativamente más robusto. Aunque un intruso consiga descifrar la contraseña, sin la tarjeta inteligente su intento de acceder al sistema se vería frustrado, y del mismo modo, la posesión de la tarjeta inteligente por sí sola es insuficiente.

Este enfoque de MFA también podría incluir una combinación de verificación biométrica (un factor de inherencia) con un PIN (un factor de conocimiento), reforzando aún más la seguridad al requerir tanto una prueba física de identidad como un código memorizado. Sin embargo, es crucial entender que la verdadera MFA necesita elementos de categorías distintas. La mera combinación de dos factores basados en el conocimiento, como una contraseña y una pregunta de seguridad, no constituye MFA, ya que ambos se clasifican en el mismo tipo de factor.

A la hora de implantar medidas de seguridad, es esencial distinguir entre las combinaciones que constituyen MFA y las que no, asegurándose de que los métodos de autenticación seleccionados abarcan distintos tipos de factores para evitar errores comunes y mejorar la eficacia de la seguridad.

Políticas de Contraseñas

Las contraseñas desempeñan un papel crucial en los procesos de autenticación, por lo que su seguridad es primordial. Los administradores pueden aprovechar los objetos de directiva de grupo (GPO) de Windows para imponer a los usuarios prácticas sólidas en materia de contraseñas. Dichas prácticas están diseñadas para mejorar la seguridad de las contraseñas, haciéndolas menos susceptibles de ser adivinadas y de sufrir ataques de fuerza bruta.

Las prácticas clave de seguridad de contraseñas incluyen:

1. **Requisito de longitud mínima:** Generalmente se aconseja que las contraseñas tengan al menos ocho caracteres, aunque muchas organizaciones optan por contraseñas más largas para aumentar la seguridad.

2. **Requisito de complejidad:** Fomentar el uso de una mezcla de letras mayúsculas, minúsculas, números y caracteres especiales añade complejidad a la contraseña. Sin embargo, con la llegada de la autenticación multifactor, las últimas directrices del NIST sugieren flexibilidad en los requisitos de complejidad de caracteres, centrándose en cambio en la fuerza general y la singularidad de las contraseñas.

3. **Caducidad e historial de contraseñas**: Algunas organizaciones aplican políticas que exigen que las contraseñas se cambien periódicamente, por ejemplo cada 90 días, y evitan la reutilización de contraseñas anteriores mediante el seguimiento del historial de contraseñas. Sin embargo, las recientes directrices del NIST desaconsejan los cambios obligatorios de contraseña a menos que exista una necesidad específica, priorizando la calidad de la contraseña sobre la frecuencia de cambio.

4. **Políticas de bloqueo e inactividad de cuentas**: Para defenderse de los ataques de fuerza bruta, son habituales las políticas que bloquean las cuentas tras varios intentos fallidos de inicio de sesión. Además, desactivar las cuentas que no se utilizan mejora la seguridad al reducir los posibles vectores de ataque.

5. **Recuperación de contraseñas**: Los sistemas automatizados de recuperación de contraseñas, que a menudo incluyen preguntas de seguridad, permiten a los usuarios restablecer sus contraseñas de forma independiente. Esta característica no sólo reduce la carga de trabajo de los departamentos de TI, sino que también mejora la satisfacción de los usuarios al proporcionar una resolución rápida a los problemas de acceso.

La implantación de estas políticas de contraseñas en un entorno

Windows implica la creación de un nuevo GPO denominado, por ejemplo, "Política de contraseñas", y la configuración de los parámetros pertinentes en el Editor de administración de directivas de grupo. Se pueden ajustar parámetros como la longitud mínima de la contraseña, el historial de contraseñas, la antigüedad máxima y mínima de las contraseñas y la complejidad de las contraseñas en la sección Políticas de cuentas del GPO para alinearse con las normas de seguridad de la organización. Estas medidas contribuyen colectivamente a una postura de seguridad robusta al garantizar que las contraseñas sean fuertes y se gestionen eficazmente.

Algo que tienes

Un método habitual para mejorar los sistemas de seguridad consiste en integrar la autenticación basada en el conocimiento, como las contraseñas o los PIN, con la autenticación basada en la posesión, como un token de seguridad físico. En este apartado se estudia cómo aplicar eficazmente la autenticación basada en la posesión.

Históricamente, los tokens físicos, pequeños dispositivos de hardware a menudo unidos a un llavero, se han utilizado para autenticar la posesión de dicho token por parte de un usuario. Al intentar acceder a un sistema, el usuario introducía su nombre de usuario y contraseña (factor de conocimiento) seguidos de un código único generado al pulsar un botón de su token físico (factor de posesión), con lo que se completaba el proceso de autenticación. Aunque eficaz, la carga logística y financiera que supone distribuir y gestionar tokens físicos para una amplia base de usuarios, unida a la incomodidad que supone para los usuarios llevar consigo estos dispositivos, impulsó el cambio hacia soluciones de token blando.

OTP, HOTP, TOTP

En la Gestión de Identidades y Acceso (IAM, por sus siglas en inglés), los conceptos de OTP (Contraseña de Un Solo Uso), HOTP

(OTP Basado en HMAC), y TOTP (OTP Basado en Tiempo) son esenciales para los sistemas de autenticación de dos factores (2FA) o multifactor (MFA). Estos mecanismos aumentan la seguridad al requerir que el usuario presente no sólo algo que sabe (como una contraseña), sino también algo que tiene (como un generador de OTP).

OTP (One-Time Password - Contraseña de Un Solo Uso)

Un OTP es una contraseña que es válida para una sola sesión o transacción. Este tipo de contraseña ayuda a proteger contra ciertos tipos de ataques como el "replay attack" (ataque de repetición), donde una contraseña capturada es usada por un tercero para ganar acceso no autorizado.

Generación: Se genera un OTP utilizando algoritmos específicos que aseguran que cada OTP sea único y no predecible.

Envío: El OTP puede ser enviado al usuario a través de SMS, email, o aplicaciones dedicadas.

Verificación: El usuario ingresa el OTP como parte del proceso de autenticación, y el sistema verifica si es correcto y está dentro de su periodo de validez.

HOTP (HMAC-Based One-Time Password - OTP Basado en HMAC)

HOTP es un algoritmo para generar un OTP basado en un contador que aumenta cada vez que se genera un OTP. HMAC (Código de Autenticación de Mensajes Basado en Hash) es una función criptográfica utilizada para calcular el OTP.

Clave Secreta y Contador: Cada dispositivo o token de autenticación tiene una clave secreta compartida con el servidor y un contador sincronizado.

Generación del OTP: El OTP es generado aplicando la función HMAC a la clave secreta combinada con el valor del contador.

Incremento del Contador: Cada vez que se genera un OTP, el contador se incrementa, asegurando que cada OTP sea único.

Verificación: El servidor realiza el mismo cálculo y compara el OTP ingresado por el usuario con el calculado.

Ventaja: No depende del tiempo, lo cual es útil en situaciones donde la sincronización exacta entre el servidor y el dispositivo es problemática.

Desventaja: Requiere que el contador esté sincronizado entre el dispositivo y el servidor, lo que puede complicarse si el dispositivo genera OTPs sin que sean utilizados.

TOTP (Time-Based One-Time Password - OTP Basado en Tiempo)

TOTP es una variante de los OTPs que genera contraseñas basadas en la hora actual en lugar de un contador. Utiliza el mismo principio de HMAC que HOTP, pero con el tiempo como variable de entrada.

Clave Secreta y Tiempo: Al igual que HOTP, cada dispositivo tiene una clave secreta compartida con el servidor. El "tiempo" utilizado es generalmente el número de intervalos (por ejemplo, de 30 segundos) desde un punto de inicio específico (epoch).

Generación del OTP: El OTP se genera con la función HMAC, aplicada a la combinación de la clave secreta y el tiempo actual partido por el intervalo (por ejemplo, cada 30 segundos).

Ventana de Tiempo: Para manejar posibles desincronizaciones, los servidores suelen aceptar OTPs que caen dentro de una pequeña ventana de tiempo (por ejemplo, +/- 1 minuto).

Ventajas y Desventajas:

Ventaja: Reduce los problemas de sincronización del contador, ya que el tiempo es una referencia más constante y universal.

Desventaja: Requiere que el reloj del dispositivo y del servidor estén razonablemente sincronizados.

La utilización de OTP, HOTP y TOTP en IAM permite implementar autenticación fuerte, reduciendo el riesgo de ataques de robo de credenciales y mejorando la seguridad general de acceso a sistemas y recursos críticos. Estos métodos son ampliamente utilizados en la banca en línea, sistemas corporativos, y otras aplicaciones donde la seguridad es una prioridad alta.

La elección entre HOTP y TOTP dependerá de las especificidades del entorno de aplicación y las necesidades particulares de sincronización y manejo de dispositivos de autenticación.

La llegada de los smartphones ha allanado el camino para las aplicaciones soft token, como Google Authenticator, que generan códigos sensibles al tiempo (contraseñas de un solo uso u OTP) utilizados durante el proceso de autenticación. Estos soft tokens utilizan algoritmos como el HMAC-based One-Time Password (HOTP), que genera códigos basados en un contador y un secreto compartido, y el Time-Based One-Time Password (TOTP), que se basa en la hora actual y un secreto compartido para producir códigos temporales. A diferencia del HOTP, en el que los códigos siguen siendo válidos hasta que se utilizan, los códigos TOTP caducan al cabo de poco tiempo, por lo que es necesario sincronizar la hora entre el token y el servidor de autenticación.

Además de los métodos basados en tokens, algunos sistemas utilizan mensajes SMS o llamadas telefónicas para verificar la posesión. Sin embargo, debido a las vulnerabilidades asociadas a la portabilidad del número, especialmente con los servicios VOIP, este método suele ser considerado menos seguro por los profesionales de la ciberseguridad. Una alternativa fácil de usar son las notificaciones push enviadas a una aplicación de smartphone, que confirman o deniegan las solicitudes de autenticación con un simple toque, ofreciendo comodidad sin comprometer la seguridad.

Para situaciones en las que los usuarios pueden perder el acceso a su dispositivo de autenticación principal, algunos sistemas de autenticación multifactor permiten la creación de códigos estáticos de copia de seguridad. Sin embargo, esta práctica convierte esencialmente un factor de posesión en un factor de conocimiento, por lo que es crucial recalcar a los usuarios la importancia de salvaguardar estos códigos.

Las tarjetas inteligentes, integradas con microchips, representan otra forma sofisticada de autenticación basada en la posesión. Utilizadas ampliamente por entidades como el Departamento de Defensa de Estados Unidos a través del programa Common Access Card (CAC), estas tarjetas, cuando se insertan en un lector, autentican el acceso del usuario a través de los datos verificados del chip.

La incorporación de tokens físicos, tarjetas inteligentes o modernas soluciones basadas en teléfonos inteligentes como factor de posesión junto con la autenticación basada en el conocimiento mejora significativamente la seguridad, haciendo que el acceso no autorizado sea sustancialmente más difícil.

Protocolos de contraseña

La seguridad de las tecnologías de acceso remoto y de las redes privadas virtuales se basa a menudo en protocolos de seguridad de contraseñas. Uno de los primeros protocolos para este fin es el Protocolo de Autenticación de Contraseñas (PAP). En PAP, el proceso es sencillo: un cliente envía su nombre de usuario y contraseña directamente al servidor, que verifica las credenciales. Aunque es sencillo, el principal inconveniente de PAP es que carece de cifrado, por lo que los datos transmitidos son vulnerables a la interceptación y sólo es aconsejable cuando el canal de comunicación está cifrado de otro modo.

Una alternativa más segura, el Challenge Handshake Authentication Protocol (CHAP), resuelve las vulnerabilidades de PAP garantizando que el secreto compartido nunca atraviese la red. CHAP funciona según un principio en el que tanto el cliente como el servidor confirman su conocimiento de un secreto compartido mediante un mecanismo criptográfico de desafío-respuesta, en lugar de enviar el propio secreto. El servidor inicia el proceso enviando un desafío único y aleatorio al cliente. El cliente combina este desafío con el secreto compartido, crea un hash criptográfico y envía este hash como respuesta. El servidor realiza el mismo cálculo de hash y, si los resultados coinciden, la autenticación se realiza correctamente. Este método impide que el secreto real quede al descubierto durante el proceso de autenticación, lo que aumenta significativamente la seguridad. Microsoft desarrolló sus propias variantes de CHAP, denominadas MS-CHAP y MS-CHAPv2. A pesar de su uso inicial, ambas versiones se han visto comprometidas con el tiempo y ahora se consideran inseguras para proteger las comunicaciones de acceso remoto.

CHAP Y PAP

En la gestión de identidades y acceso, particularmente en la autenticación para redes y servicios online, varios protocolos han sido desarrollados para asegurar la verificación de las credenciales de usuario de manera segura. Entre estos, PAP (Password Authentication Protocol) y CHAP (Challenge-Handshake Authentication Protocol) son dos de los más antiguos y establecidos. Además de estos, existen otros protocolos como EAP (Extensible Authentication Protocol) y MS-CHAP (Microsoft Challenge-Handshake Authentication Protocol) que también son ampliamente utilizados.

PAP (Password Authentication Protocol)

PAP es uno de los protocolos de autenticación más simples y fue uno de los primeros utilizados en entornos de red como PPP (Point-to-Point Protocol). Este protocolo envía un nombre de usuario y contraseña al servidor en texto plano (sin cifrar), lo cual representa una vulnerabilidad significativa.

Envío de Credenciales: El cliente envía un nombre de usuario y contraseña al servidor de autenticación.

Verificación: El servidor verifica las credenciales contra su base de datos y concede o niega el acceso basado en si las credenciales son correctas o no.

Ventaja: Simplicidad de implementación.

Desventaja: Falta de seguridad en la transmisión de credenciales, ya que el envío en texto plano puede ser fácilmente interceptado.

CHAP (Challenge-Handshake Authentication Protocol)

CHAP es un protocolo de autenticación más seguro que PAP, utilizado comúnmente en PPP. En lugar de enviar la contraseña en texto plano, CHAP utiliza un enfoque de desafío-respuesta para verificar la identidad del usuario sin transmitir la contraseña directamente.

Desafío: El servidor envía un "desafío" al cliente, que es esencialmente un valor aleatorio.

Respuesta: El cliente utiliza este desafío, junto con la contraseña y un algoritmo de hash (como MD5), para calcular una respuesta que se envía de vuelta al servidor.

Verificación: El servidor realiza el mismo cálculo y si la respuesta del cliente coincide con su cálculo, el acceso es concedido.

Ventaja: Mayor seguridad que PAP, ya que la contraseña nunca se transmite en texto plano.

Desventaja: Aún vulnerable a ciertos ataques, como los de repetición, si no se implementan medidas adicionales (por ejemplo, el uso de un nonce o número usado una sola vez).

EAP (Extensible Authentication Protocol)

EAP es un protocolo de autenticación de marco que soporta múltiples métodos de autenticación más allá de las contraseñas tradicionales, como certificados digitales, OTP, y métodos biométricos.

EAP es utilizado principalmente en redes que requieren fuertes medidas de seguridad como WLAN (Wireless LAN). El protocolo permite la extensión para diversos métodos de autenticación y se adapta según las necesidades de seguridad del entorno.

Ventaja: Flexible y poderoso, puede integrar varios métodos de autenticación.

Desventaja: Complejidad en configuración y requerimientos de hardware/software dependiendo del método específico utilizado.

MS-CHAP (Microsoft Challenge-Handshake Authentication Protocol)

MS-CHAP es una variante de CHAP desarrollada por Microsoft, que proporciona dos versiones (v1 y v2). MS-CHAP v2 es más seguro y proporciona mejor soporte para autenticación bidireccional.

Desafío-Respuesta: Similar a CHAP, pero incluye características adicionales como el uso de un único desafío y respuesta que protege contra algunos tipos de ataques.

Autenticación Bidireccional: En MS-CHAP v2, tanto el cliente como el servidor prueban mutuamente su identidad.

Ventaja: Mejor seguridad que CHAP y compatibilidad con características específicas de Windows.

Desventaja: Aún susceptible a ciertos ataques y críticas por su dependencia de hash MD4 en v1, que es considerado inseguro.

Estos protocolos son fundamentales en la estructura de seguridad de las comunicaciones de red, especialmente en lo que respecta a la autenticación de acceso. La elección entre ellos depende de las necesidades específicas de seguridad, compatibilidad y complejidad de implementación en el entorno de red respectivo.

CONSIDERACIONES PARA LAS CONTRASEÑAS

En nuestros debates a lo largo de este texto sobre el control de acceso, incluidos los mecanismos de autenticación como la prueba de la propia identidad mediante el conocimiento o la posesión, a menudo surge un punto crítico de vulnerabilidad: la contraseña o frase de contraseña. Este aspecto de la autenticación, que depende de lo que sabe un usuario, se convierte a menudo en el talón de Aquiles de las medidas de seguridad debido a la tendencia humana a favorecer la memorización frente a la complejidad. Es notable que una proporción significativa de las violaciones de aplicaciones web, aproximadamente el 89%, implican alguna forma de robo de credenciales, lo que subraya la urgencia de abordar esta debilidad.

Para contrarrestar esta vulnerabilidad, la autenticación multifactor destaca como una solución sólida. Sin embargo, la base de un control de acceso seguro comienza con las prácticas de contraseña del usuario. He aquí tres estrategias para mejorar la seguridad de las contraseñas sin comprometer la comodidad del usuario:

1. **Adopte frases de contraseña:** En lugar de contraseñas complejas y difíciles de recordar, fomente el uso de frases de contraseña. Se trata de frases o secuencias de palabras más largas y naturales, que no sólo son más fáciles de recordar, sino también más difíciles de descifrar para los atacantes debido a su longitud y singularidad. Por ejemplo, "Mi única

salamandra se llama Jake" o "Como avena 5 días a la semana" sirven como ejemplos de frases de contraseña fuertes y memorables.

2. **Utilice gestores de contraseñas:** Los gestores de contraseñas pueden simplificar significativamente la gestión de contraseñas al exigir a los usuarios que recuerden sólo una contraseña maestra. Esta contraseña maestra actúa como llave de acceso a una cámara acorazada que contiene todas las demás contraseñas, almacenadas y cifradas de forma segura. Con una frase de contraseña segura que proteja este almacén, los usuarios pueden guardar de forma segura numerosas contraseñas. Las opciones más populares son LastPass, 1Password, Dashlane y Keeper. Muchos de estos servicios ofrecen aplicaciones móviles para acceder desde cualquier lugar y versiones gratuitas para uso individual. Sin embargo, es crucial elegir una contraseña maestra memorable, ya que perderla puede resultar en ser bloqueado fuera de la bóveda.

3. **Adoptar la autenticación sin contraseña:** El movimiento hacia un futuro sin contraseñas está ganando impulso, ofreciendo alternativas como la biometría, las aplicaciones de autenticación o las claves de seguridad FIDO2 en lugar de las contraseñas tradicionales. Este enfoque implica la creación de una clave privada específica del dispositivo, que se desbloquea durante el inicio de sesión mediante un escáner biométrico o un PIN, autenticando al usuario sin necesidad de contraseña. Este método puede implantarse selectivamente en distintos grupos de usuarios y dispositivos, siempre que la tecnología sea compatible. Es importante disponer de una opción de recuperación en caso de pérdida de acceso al dispositivo o a la clave.

La incorporación de frases de contraseña, gestores de contraseñas y autenticación sin contraseña en su estrategia de gestión de identidades y accesos puede mejorar significativamente la seguridad, al tiempo que simplifica la experiencia del usuario. La adopción de uno o varios de estos métodos puede ayudar a mitigar los riesgos asociados a las vulnerabilidades de las contraseñas.

Gobernanza y control de acceso

¿Alguna vez se ha encontrado en una situación en la que necesitaba acceder a un directorio específico o a un archivo compartido dentro de un departamento diferente de su organización? Probablemente, se encontró sin los permisos necesarios y tuvo que ponerse en contacto con el soporte de TI para solicitar el acceso. Mediante la aplicación de un marco de control de acceso sólido, las organizaciones pueden mejorar su postura de seguridad al tiempo que garantiza que las personas tienen los permisos adecuados. El control de acceso implica tomar decisiones para aprobar o rechazar solicitudes de derechos de acceso. Hay tres marcos principales utilizados para gestionar estas solicitudes. Profundicemos en estos modelos y sus aplicaciones.

El primer marco es el Control de Acceso Obligatorio (MAC), conocido por sus estrictas medidas de seguridad. En este sistema, los derechos de acceso son asignados por los administradores tanto para los usuarios como para los recursos. Esto significa que un usuario debe tener autorización no sólo para un área específica, sino también para elementos individuales dentro de esa área, como documentos sensibles. Los gobiernos y los entornos de alta seguridad suelen emplear MAC debido a su naturaleza rigurosa. Sin embargo, puede suponer un reto para los usuarios, que deben sortear numerosos obstáculos para acceder. Este modelo se recomienda principalmente para entornos en los que la seguridad es primordial.

Luego está el Control de Acceso Discrecional (DAC), en el que la propiedad de un recurso, como un documento, determina quién tiene acceso. Este modelo ofrece la mayor libertad, permitiendo que las decisiones de acceso sean descentralizadas y tomadas por propietarios individuales o equipos. Aunque el DAC ofrece flexibilidad, puede conducir a una falta de supervisión y de controles estandarizados, lo que puede dar lugar a un acceso excesivamente permisivo si no se gestiona adecuadamente. Este modelo es adecuado para las organizaciones que desean conceder a los usuarios un control significativo sobre el acceso, pero requiere una cuidadosa consideración de las implicaciones de seguridad.

Entre la rigidez de MAC y la indulgencia de DAC se encuentra el control de acceso basado en roles (RBAC). Este modelo concede permisos en función de la función de un usuario dentro de la organización, como contable, y no de su identidad individual. El RBAC proporciona un marco equilibrado, que ofrece cierto grado de flexibilidad al tiempo que mantiene un control de acceso estructurado. Simplifica la gestión para los administradores y mejora la experiencia del usuario al asignar automáticamente los permisos necesarios para una función. Sin embargo, pueden surgir problemas en el caso de usuarios que necesiten acceso fuera de su función designada, lo que requiere esfuerzos de gestión adicionales. RBAC es muy eficaz en organizaciones con funciones claramente definidas.

Otros modelos, como el control de acceso basado en atributos (ABAC), el control de acceso basado en reglas y el control de acceso basado en riesgos, ofrecen estrategias alternativas, pero se adoptan con menos frecuencia. Puede merecer la pena explorarlos si los modelos principales no se ajustan a las necesidades específicas de una organización.

Utilizar modelos de control de acceso como MAC, DAC o RBAC permite a las organizaciones aplicar un control preciso sobre los permisos de usuarios y recursos, facilitando un flujo de trabajo seguro y eficiente. Evaluar las ventajas de cada modelo ayudará a determinar el enfoque más adecuado para los requisitos operativos y de seguridad de su organización.

RADIUS y TACACS

A menudo, las organizaciones necesitan un método unificado para gestionar el acceso a la red y a las aplicaciones, incluyendo autenticación, autorización y supervisión. Dos protocolos, RADIUS y TACACS, proporcionan estos servicios centralizados a las empresas. RADIUS, abreviatura de Remote Access Dial-In User Service, se desarrolló originalmente para autenticar a los usuarios que se conectaban a través de servicios de módem telefónico en los años ochenta y noventa. Permitía a un servidor RADIUS central gestionar la autenticación y la supervisión de los usuarios en distintas ubicaciones. A pesar del declive del uso del módem de acceso telefónico, RADIUS sigue estando muy extendido hoy en día, ya que admite la autenticación para una amplia gama de aplicaciones. Por ejemplo, en una red inalámbrica, un usuario que intenta conectarse a una red a través de un punto de acceso inalámbrico inicia un proceso de autenticación RADIUS. El punto de acceso, que actúa como cliente RADIUS, reenvía la solicitud de autenticación a un servidor RADIUS, que verifica las credenciales del usuario con un servicio de directorio externo. En función de la verificación, el servidor RADIUS concede o deniega el acceso al usuario. Aunque tradicionalmente RADIUS permitía la autenticación mediante contraseña, ahora admite varios métodos de autenticación.

Es importante distinguir entre las funciones de los clientes y los servidores RADIUS, especialmente en contextos en los que lo que normalmente se considera un cliente (por ejemplo, un servidor de aplicaciones) funciona como cliente RADIUS. Sin embargo, RADIUS tiene limitaciones, como su dependencia del menos fiable Protocolo de Datagramas de Usuario (UDP) y el hecho de que no cifra todos los datos transmitidos, lo que requiere medidas de seguridad adicionales.

TACACS, o Terminal Access Controller Access-Control System, ofrece una solución similar a RADIUS pero ha evolucionado a través de diferentes versiones, incluyendo XTACACS y la más utilizada hoy en día, TACACS+. A diferencia de sus predecesores y de RADIUS, TACACS+ utiliza el Protocolo de Control de Transmisión (TCP) para una comunicación más fiable y cifra completamente toda la sesión de autenticación, lo que aumenta la seguridad.

Tanto RADIUS como TACACS+ forman parte de la infraestructura de control de acceso de numerosas empresas en todo el mundo, cada uno con sus ventajas y aplicaciones específicas.

RADIUS, TACACS y TACACS+ son protocolos de autenticación y autorización que juegan roles cruciales en la gestión de acceso a redes y recursos en sistemas informáticos. Cada uno tiene características y usos específicos que los hacen adecuados para diferentes tipos de entornos y requerimientos de seguridad.

RADIUS (Remote Authentication Dial-In User Service)

RADIUS es un protocolo cliente/servidor que permite a los servidores de acceso a la red centralizar la autenticación de usuarios y autorización y contabilizar sus servicios para mantener un seguimiento del uso de recursos. Es ampliamente utilizado para proporcionar acceso controlado a las redes y ha sido el estándar de facto para tales propósitos.

Autenticación: El cliente RADIUS (por lo general, un servidor de acceso de red como un enrutador o un switch) envía una petición de autenticación al servidor RADIUS, que verifica las credenciales del usuario contra una base de datos.

Autorización: Una vez autenticado el usuario, el servidor RADIUS determina qué recursos puede acceder el usuario y otros parámetros de sesión.

Contabilidad: El servidor RADIUS registra el inicio y el fin de cada sesión, almacenando estadísticas y otros datos relevantes de la sesión.

Ventaja: Interoperabilidad entre diferentes fabricantes de hardware, configuración centralizada de políticas de acceso, y robustez en la gestión de credenciales.

Desventaja: Comunicación entre el cliente y el servidor no está completamente cifrada, sólo la contraseña se envía cifrada.

TACACS (Terminal Access Controller Access-Control System)

TACACS es un protocolo más antiguo que permitía controlar el acceso a terminales en redes ARPANET, predecesor de Internet. No obstante, en contextos modernos, se utiliza más comúnmente en referencia a TACACS+, una versión mejorada.

TACACS+

TACACS+ es un protocolo de seguridad desarrollado por Cisco que proporciona un mecanismo más seguro para autenticar a los usuarios que acceden a la red. A diferencia de RADIUS, TACACS+ separa completamente los servicios de autenticación, autorización y contabilidad (AAA).

Autenticación: TACACS+ autentica a los usuarios utilizando su servidor dedicado que puede aplicar políticas complejas de contraseña y autenticación.

Autorización: Post-autenticación, especifica exactamente qué recursos puede y no puede usar el usuario, y bajo qué condiciones.

Contabilidad: Registra detalladamente lo que el usuario hace, incluyendo comandos introducidos, modificaciones realizadas, etc.

Ventaja: Mayor seguridad en la autenticación y flexibilidad en la configuración de autorizaciones; toda la información entre cliente y servidor es cifrada.

Desventaja: Menos interoperabilidad con productos de diferentes fabricantes que no sean Cisco.

Comparación entre RADIUS y TACACS+

Encriptación: RADIUS encripta solo las contraseñas, mientras que TACACS+ encripta toda la información de autenticación, autorización y contabilidad.

Uso: RADIUS es más común en ISPs y para gestionar el acceso a la red, mientras que TACACS+ es preferido en entornos corporativos para administrar privilegios a nivel de comandos y tareas.

Interoperabilidad: RADIUS tiene mejor soporte entre diferentes dispositivos de red debido a su estandarización más amplia, en comparación con TACACS+, que es un protocolo propietario de Cisco aunque ampliamente adoptado.

En conclusión, la elección entre RADIUS y TACACS+ dependerá de las necesidades específicas de seguridad, la infraestructura de red existente, y las políticas de gestión de acceso que una organización desee implementar. TACACS+ es superior en control y seguridad, especialmente útil en entornos que requieren granularidad en la administración de permisos, mientras que RADIUS es adecuado para aplicaciones que necesitan compatibilidad amplia y una configuración más sencilla.

KERBEROS

Kerberos es un protocolo de autenticación de red que utiliza criptografía de clave secreta para proporcionar autenticación segura de usuario a servicio y de usuario a usuario, sobre una red insegura. Desarrollado inicialmente en el MIT en la década de 1980, Kerberos ha evolucionado para convertirse en el estándar de facto para sistemas de autenticación en muchas organizaciones grandes, incluyendo su adopción en Microsoft Windows Active Directory.

Características Clave de Kerberos

Seguridad: Utiliza criptografía fuerte para garantizar que las credenciales del usuario no sean interceptadas o falsificadas durante la transmisión.

Delegación de confianza: Centraliza la autenticación en un servidor confiable, eliminando la necesidad de transmitir contraseñas por la red.

Tickets: Proporciona "tickets" que permiten a los usuarios probar su identidad a otros servidores de manera segura y sin necesidad de reautenticación durante la validez del ticket.

Renovabilidad de sesión: Los tickets tienen una duración limitada pero pueden renovarse sin requerir una nueva autenticación.

Componentes de Kerberos

AS (Authentication Server): Valida las credenciales del usuario inicial y proporciona un Ticket-Granting Ticket (TGT).

TGS (Ticket Granting Server): Usa el TGT para emitir tickets de servicio que permiten al usuario acceder a recursos específicos dentro de la red.

Servidor de recursos/servicio (Servidor): Verifica los tickets de servicio para permitir el acceso a los recursos.

Proceso de Autenticación de Kerberos

El proceso de autenticación de Kerberos se realiza en varios pasos detallados:

1. Autenticación con el AS

Solicitud de Login: El cliente envía una solicitud al AS con su ID de usuario y la ID del TGS, típicamente sin incluir la contraseña directamente.

Respuesta del AS: Si el usuario es válido, el AS responde con un TGT, que está encriptado con la clave del TGS y contiene un session key para el cliente y TGS. También envía una copia de la session key cifrada con la contraseña del usuario.

2. Solicitud de Ticket de Servicio al TGS

Solicitud al TGS: El cliente descifra la session key utilizando su contraseña, y luego usa esta clave para enviar una solicitud segura al TGS, incluyendo el TGT y la ID del servicio que desea acceder.

Respuesta del TGS: Si el TGT es válido, el TGS emite un ticket de servicio para el cliente. Este ticket está encriptado con la clave del servidor de servicio y contiene la session key cliente-servicio.

3. Acceso al Servidor de Recursos

Solicitud al Servidor: El cliente ahora se comunica con el servidor de recursos, enviando el ticket de servicio y un authenticator, que incluye el ID del cliente y un timestamp, todo cifrado con la session key cliente-servicio.

Verificación y Acceso: El servidor de recursos descifra el ticket, obtiene la session key, y verifica el authenticator. Si todo es correcto, el servidor actualiza el timestamp en el authenticator, lo reenvía cifrado al cliente (prueba de que el servidor es legítimo también), y concede el acceso al recurso solicitado.

Renovación de Tickets

Los tickets tienen una validez limitada (por ejemplo, 10 horas), pero pueden ser renovados sin necesidad de una nueva autenticación completa con el AS, interactuando directamente con el TGS, lo que mejora la eficiencia y la experiencia del usuario.

Seguridad

Kerberos minimiza la exposición de credenciales sensibles y reduce el riesgo de ataques de replay mediante el uso de timestamps y session keys temporales. La criptografía de clave simétrica ayuda a mantener la integridad y confidencialidad de los datos de autenticación.

Kerberos es un protocolo robusto y eficiente para la autenticación en redes grandes y distribuidas, proporcionando un método seguro y manejable para controlar el acceso a servicios y recursos. Su implementación en infraestructuras como Active Directory de Microsoft subraya su importancia y eficacia en entornos corporativos modernos.

Kerberos es un protocolo de control de acceso ampliamente adoptado que se utiliza para autenticar y autorizar usuarios tanto en sistemas Linux como Windows, y constituye un elemento fundamental de Microsoft Active Directory. Emplea un mecanismo basado en tickets, que permite a los usuarios autenticarse una vez ante una autoridad central y luego acceder a múltiples servicios a través de la red utilizando los tickets concedidos.

En el protocolo Kerberos, el proceso de autenticación comienza cuando el usuario envía sus credenciales (nombre de usuario y contraseña) a través de un cliente Kerberos. El cliente envía esta información a un servidor de autenticación (AS) en texto plano. El AS verifica las credenciales en su base de datos de usuarios y responde con dos mensajes cifrados: uno que contiene una clave de sesión para futuras comunicaciones cifrada con la contraseña del usuario, y un Ticket Granting Ticket (TGT), cifrado con una clave que sólo conoce el Ticket Granting Server (TGS), que incluye los datos del cliente y la clave de sesión.

Al descifrar el primer mensaje con su contraseña, el usuario recupera la clave de sesión. Para acceder a un servicio concreto, el cliente envía una solicitud al TGS, incluyendo el TGT y un autentificador cifrado, que prueba la identidad del cliente. El TGS descifra el TGT para recuperar la clave de sesión, la utiliza para descifrar el autenticador y, a continuación, genera una clave de sesión cliente-servidor para el servicio solicitado. Devuelve un ticket cliente-servidor y la clave de sesión cifrada con la clave de sesión del cliente.

A continuación, el cliente se pone en contacto con el servicio deseado y le proporciona el ticket cliente-servidor y otro autenticador cifrado con la nueva clave de sesión. El servicio descifra el ticket para obtener la clave de sesión, que luego se utiliza para descifrar el autenticador y autenticar al cliente, permitiéndole el acceso.

LDAP

Comprender Kerberos es crucial. Además, el Protocolo Ligero de Acceso a Directorios (LDAP) desempeña un papel importante en el control de acceso al facilitar el intercambio de información sobre usuarios y autorizaciones a través de una red en un formato estandarizado. Mientras que Kerberos se encarga de la autenticación, LDAP gestiona las consultas de información de directorio. Recuerde que Kerberos suele operar a través del puerto TCP 88, mientras que LDAP utiliza el puerto TCP 389 para las comunicaciones no cifradas y el puerto 636 para las cifradas.

LDAP funciona según un modelo de solicitud-respuesta. Un cliente inicia una sesión conectándose a un servidor LDAP, normalmente a través del puerto 389 para conexiones no seguras y del puerto 636 para conexiones seguras SSL. A continuación, el cliente envía solicitudes al servidor para realizar diversas operaciones, como buscar, modificar, añadir o eliminar entradas. El servidor LDAP procesa estas solicitudes con sus datos de directorio y devuelve los resultados al cliente.

Autenticación de usuarios: Uno de los usos más comunes de LDAP es la autenticación de usuarios. LDAP puede almacenar nombres de usuario y contraseñas, y las aplicaciones pueden utilizarlo para comprobar las credenciales de inicio de sesión de un usuario. Por ejemplo, un sistema de correo electrónico corporativo puede utilizar LDAP para verificar a los usuarios antes de concederles acceso a sus cuentas de correo electrónico.

Servicios de directorio: LDAP puede organizar y localizar varios tipos de información sobre usuarios y recursos dentro de una organización. Por ejemplo, un directorio LDAP puede utilizarse para almacenar información sobre todas las impresoras de una empresa, permitiendo a los usuarios consultar el directorio para encontrar una impresora en una ubicación específica.

Gestión centralizada de usuarios: LDAP puede utilizarse para gestionar la información de los usuarios de forma centralizada. Esto resulta especialmente útil en entornos con múltiples sistemas que requieren control de acceso. Por ejemplo, una organización puede utilizar LDAP para gestionar de forma centralizada el acceso de los usuarios a diversos servicios como el correo electrónico, los sitios web internos y las aplicaciones, garantizando que cualquier cambio en los permisos de usuario se aplique automáticamente en todos los sistemas.

LDAP (Lightweight Directory Access Protocol) es un protocolo estándar abierto, utilizado para acceder y mantener servicios de información distribuida en un entorno de red. Aunque inicialmente diseñado para localizar objetos en directorios (como directorios de empleados o bases de datos de usuarios), LDAP es muy utilizado para la gestión de identidades, autenticaciones y autorizaciones.

Componentes Principales de LDAP

Directorio LDAP: Una base de datos no relacional organizada jerárquicamente que permite una rápida búsqueda y modificación de datos.

Entradas (Entries): Cada objeto en un directorio LDAP, como un usuario o grupo.

Atributos: Propiedades de las entradas, por ejemplo, nombre, email, grupo, etc.

Esquema: Define tipos de objetos y atributos que una entrada puede tener.

DN (Distinguished Name): Un requerimiento único que identifica cada entrada en el directorio de manera precisa.

RDN (Relative Distinguished Name): Un nombre único para cada entrada, relativo al contenedor padre.

Funcionamiento de LDAP

1. Conexión

Un cliente establece una conexión con un servidor LDAP usando un puerto específico (por defecto es el puerto 389 para conexiones no seguras, o 636 para conexiones seguras con SSL/TLS).

2. Autenticación

El cliente se autentica en el servidor LDAP a través de uno de estos métodos:

Simple: Envío del DN y contraseña del usuario en texto claro (o cifrado con SSL/TLS).

SASL (Simple Authentication and Security Layer): Un método que usa un mecanismo de autenticación más complejo y seguro que el simple.

3. Operaciones Básicas

Una vez autenticado, el cliente puede realizar varias operaciones en el servidor LDAP, incluyendo:

Buscar: Recuperar uno o más objetos del directorio utilizando filtros específicos.

Agregar: Insertar nuevos objetos en el directorio.

Eliminar: Remover objetos del directorio.

Modificar: Cambiar información de objetos existentes.

Comparar: Verificar si un objeto tiene un atributo con un valor específico.

Estas operaciones permiten a los usuarios y aplicaciones manipular y recuperar información del directorio de manera eficiente.

4. Filtrado y Búsqueda

Las búsquedas en LDAP son poderosas y flexibles. Los clientes pueden especificar:

Base DN: El punto de inicio en el árbol de directorio desde donde comenzar la búsqueda.

Scope: Profundidad de la búsqueda (base, un nivel, o subárbol).

Filter: Condiciones que deben cumplir los objetos para ser retornados (p.ej., (cn=John Doe)).

5. Cerrar la Sesión

Una vez que las operaciones deseadas se han completado, el cliente cierra la sesión, típicamente enviando un mensaje de "unbind" al servidor.

Seguridad en LDAP

La seguridad es crítica en LDAP debido a la naturaleza sensible de la información que gestiona. Las medidas incluyen:

Uso de SSL/TLS: Para cifrar toda la comunicación entre cliente y servidor.

Autenticación Fuerte: Utilizando SASL o vinculando la autenticación a métodos basados en Kerberos.

Control de Acceso: Definir políticas de qué usuarios pueden acceder o modificar objetos en el directorio.

Uso Común de LDAP

LDAP es utilizado en una variedad de aplicaciones y servicios, como:

Directorios Corporativos: Para gestionar información de empleados, usuarios de IT, etc.

Autenticación y Autorización: En combinación con otros sistemas como RADIUS o Kerberos.

Aplicaciones Web: Muchas aplicaciones web usan LDAP para gestionar usuarios y sesiones.

Sincronización de Directorios: Entre diferentes sistemas y plataformas.

LDAP es un protocolo extremadamente eficaz para la gestión de directorios debido a su estructura flexible y capacidad de realizar operaciones complejas de manera rápida y segura. Su implementación facilita la gestión de grandes cantidades de datos de usuarios de manera organizada, haciendo más eficientes los procesos de autenticación y autorización en las organizaciones.

Ejemplo de implementación: Active Directory de Microsoft es un servicio de directorio ampliamente utilizado que implementa LDAP para consultar y gestionar sus datos. Las organizaciones suelen utilizar Active Directory como punto central para la gestión de cuentas de usuario, grupos y permisos en las redes basadas en Windows. Libretas de direcciones: Muchos clientes de correo electrónico admiten LDAP para acceder a listas de contactos compartidas. Por ejemplo, una empresa puede mantener una lista global de direcciones en un servidor LDAP, lo que permite a los empleados buscar información de contacto de sus compañeros dentro de su aplicación de correo electrónico.

LDAP desempeña un papel crucial en las infraestructuras informáticas modernas, ya que permite el almacenamiento centralizado y estructurado y el acceso a información sobre recursos de red y usuarios. Su versatilidad lo hace adecuado para una amplia gama de aplicaciones, desde la autenticación y autorización hasta la prestación de servicios de directorio. Mediante el uso de LDAP, las organizaciones pueden agilizar el control de acceso y los procesos de gestión de identidades, mejorar la seguridad y reducir la carga administrativa.

Otra tecnología a tener en cuenta es NT LAN Manager (NTLM), predecesora de Kerberos en entornos Microsoft. NTLM, basado en un mecanismo de autenticación desafío-respuesta, ha sido criticado por sus estándares de cifrado más débiles y su vulnerabilidad a los ataques "pass the hash". A pesar de su continua presencia por compatibilidad con versiones anteriores, Microsoft desaconseja su uso en favor de protocolos más seguros como Kerberos.

SAML

En el ámbito de la autenticación web moderna, el Lenguaje de Marcado de Aserción de Seguridad (SAML) facilita el inicio de sesión único (SSO) basado en navegador a través de diversos sistemas. En una transacción SAML intervienen tres partes clave: el mandante (o usuario final), el proveedor de identidades y el proveedor de servicios.

SAML (Security Assertion Markup Language) es un estándar XML para el intercambio de datos de autenticación y autorización entre partes, principalmente entre un proveedor de identidades y un proveedor de servicios. Es ampliamente utilizado para implementar autenticación y autorización de usuarios a través de dominios, lo que permite el Single Sign-On (SSO), facilitando así el acceso de los usuarios a múltiples aplicaciones y servicios sin necesidad de autenticar múltiples veces.

Componentes Clave de SAML

Proveedor de Identidades (IdP): La entidad que maneja el directorio de usuarios y realiza la autenticación.

Proveedor de Servicios (SP): La entidad que proporciona servicios, como aplicaciones web, que requieren autenticación antes de proporcionar acceso.

Aserciones: Declaraciones que el IdP proporciona al SP, que incluyen información de autenticación (prueba de que la autenticación fue exitosa), atributos (información sobre el usuario), y autorización (información sobre los permisos del usuario).

Cómo Funciona SAML

El flujo de trabajo de SAML para un proceso de autenticación y SSO puede describirse en varios pasos esenciales:

1. Inicio de Sesión desde el Proveedor de Servicios

Descubrimiento del Proveedor de Identidades: Cuando un usuario intenta acceder a un servicio que requiere autenticación, el SP necesita saber qué IdP utilizará para autenticar a ese usuario. Esto puede determinarse mediante la configuración, un servicio de descubrimiento, o el usuario puede seleccionarlo si hay múltiples IdPs.

Redirección al IdP: El SP redirige al usuario al IdP con una "solicitud de autenticación" formateada en XML. Esta solicitud incluye información sobre qué se está solicitando y un callback URL del SP.

2. Autenticación en el Proveedor de Identidades

Autenticación del Usuario: El IdP identifica al usuario, lo que puede requerir que el usuario se autentique proporcionando credenciales, como un nombre de usuario y contraseña, o mediante métodos de autenticación multifactor.

Generación de la Aserción: Una vez que el usuario está autenticado, el IdP crea una aserción en formato XML que contiene la información de autenticación, atributos del usuario y autorización necesarios, asegurada usualmente con firma digital.

3. Aserción de SAML enviada al Proveedor de Servicios

Respuesta al SP: El IdP envía la aserción XML al SP a través del navegador del usuario, redirigiendo al usuario de vuelta al SP con la aserción.

Procesamiento de la Aserción por el SP: El SP valida la aserción (e.g., la firma digital), extrae la información necesaria, y establece una sesión para el usuario.

4. Acceso Concedido

Acceso al Servicio: Con la sesión ya establecida, el usuario accede al servicio o aplicación sin necesidad de autenticarse nuevamente en el SP. El proceso de SSO significa que este procedimiento se repetirá sin requerir autenticación nuevamente, incluso si el usuario accede a otros SPs que usan el mismo IdP.

Beneficios de SAML

Single Sign-On: Permite a los usuarios acceder a múltiples servicios con una sola autenticación de credenciales.

Seguridad: Utiliza XML digitalmente firmado para asegurar que las aserciones de autenticación no puedan ser interceptadas o alteradas.

Interoperabilidad: Como estándar, SAML es soportado por una amplia gama de software y proveedores, facilitando la integración entre diferentes sistemas y tecnologías.

Flexibilidad: Admite una variedad de métodos de autenticación, incluyendo contraseñas, certificados digitales y autenticación biométrica.

SAML es una solución eficaz para la gestión de identidades y federación que simplifica el proceso de autenticación y autorización a través de diferentes sistemas y aplicaciones. Su uso de SSO no solo mejora la experiencia del usuario al minimizar las veces que deben ingresar credenciales, sino que también refuerza la seguridad a lo largo de múltiples plataformas. Con su estructura basada en estándares y su amplia adopción, SAML se posiciona como una herramienta esencial en el ecosistema de seguridad informática moderno.

El proveedor de **identidad** es la entidad que verifica la identidad del usuario, normalmente un empleador, una institución educativa u otro tipo de emisor de cuentas. Crea, mantiene y gestiona la información de identidad a la vez que proporciona servicios de autenticación a las aplicaciones. Puede proporcionar inicio de sesión único, permitiendo el acceso a múltiples recursos con un único inicio de sesión. Azure Active Directory es un proveedor de identidades. Ahora lo que llamamos aplicaciones de partes confiantes, como aplicaciones web o aplicaciones móviles, pueden subcontratar el paso de autenticación del usuario a un proveedor de identidades de confianza como Azure Active Directory. El proveedor de **servicios** es el servicio web al que el usuario pretende acceder.

El proceso de SSO basado en web utilizando SAML se desarrolla de la siguiente manera: Inicialmente, el usuario principal solicita acceso a un recurso alojado por el proveedor de servicios. Si el usuario ya tiene una sesión activa, el sistema omite otras comprobaciones y le concede el acceso. Sin embargo, si el usuario no está conectado, el proveedor de servicios lo redirige al servicio SSO del proveedor de identidad. En este punto, el usuario intenta iniciar sesión utilizando credenciales u otra forma de autenticación, que debe ser validada por el proveedor de identidad.

Si la autenticación es correcta, el proveedor de identidad genera un formulario XHTML adaptado al proveedor de servicios específico. A continuación, el usuario utiliza este formulario para solicitar una declaración de seguridad al proveedor de servicios, incorporando la prueba de identidad del proveedor de identidad. El proveedor de servicios evalúa esta solicitud, establece un contexto de seguridad para el servicio y redirige al usuario en consecuencia. A continuación, el usuario realiza una última solicitud del recurso deseado, que se satisface concediéndole el acceso.

Este mecanismo ofrece dos ventajas significativas: en primer lugar, una vez autenticado por el proveedor de identidades, el usuario se beneficia de una sesión persistente durante un tiempo fijado por el proveedor de identidades, lo que elimina la necesidad de iniciar sesión repetidamente y permite así lograr una auténtica experiencia de SSO. En segundo lugar, permite al proveedor de servicios aprovechar el proceso de autenticación del proveedor de identidad sin acceder en ningún momento a la contraseña del usuario, que permanece confidencial entre el usuario y el proveedor de identidad.

IDENTITY AS A SERVICE (IDaaS)

Numerosas empresas confían cada vez más en las soluciones basadas en la nube para hacer frente a sus diversas demandas empresariales y tecnológicas. Una tendencia notable en este sentido es la adopción de servicios de terceros para la gestión de identidades y accesos (IAM). Identity-as-a-Service (IDaaS) es un modelo en el que las empresas pueden externalizar sus funciones de IAM a proveedores especializados, reduciendo significativamente la necesidad de contratar a costosos expertos en IAM.

Inicialmente, las ofertas de IDaaS se centraban en proporcionar capacidades sencillas de inicio de sesión único (SSO) para diversas aplicaciones basadas en web ofrecidas como servicio. Estas soluciones IDaaS están diseñadas para trabajar sin problemas con dos tipos principales de sistemas para mejorar las capacidades de IAM de una organización. En primer lugar, se conectan con los servicios de directorio existentes de una organización para acceder a la información de los usuarios y los atributos de identidad, garantizando la sincronización en tiempo real para el rápido aprovisionamiento y desaprovisionamiento de usuarios. Esto puede lograrse tanto con los directorios locales tradicionales, como Active Directory o LDAP, como con los directorios basados en la nube, como G Suite de Google.

En segundo lugar, las plataformas IDaaS se integran con numerosas aplicaciones de software como servicio (SaaS), asumiendo sus procesos de autenticación. Esta integración elimina la carga de gestionar múltiples cuentas de usuario en estas plataformas y elimina la necesidad de que las organizaciones desarrollen y mantengan sus propias integraciones. Por ejemplo, OneLogin, un actor clave en este espacio, es compatible con una serie de servicios de terceros, lo que permite a las organizaciones utilizar OneLogin para la autenticación en estos servicios a través de identidades federadas sin esfuerzo.

Además, los proveedores de IDaaS están ampliando su oferta para incluir soluciones de autenticación multifactor (MFA), lo que permite a las organizaciones implementar fácilmente una capa adicional de seguridad en sus aplicaciones sin necesidad de alterar su infraestructura existente. Más allá de las aplicaciones en la nube, los servicios IDaaS se extienden ahora también a las aplicaciones heredadas locales y a los entornos híbridos, ampliando su aplicabilidad.

Para las organizaciones que contemplan IDaaS, es crucial asegurarse de que la solución elegida se alinea con sus necesidades específicas de IAM y soporta todos los servicios necesarios. Además, llevar a cabo una evaluación de seguridad exhaustiva es vital para garantizar que el proveedor pueda gestionar de forma segura las funciones críticas de autenticación y gestión de identidades.

OAuth y OpenID Connect

OAUTH

OAuth (Open Authorization) es un protocolo abierto que permite la autorización segura de APIs de manera estándar y simple para aplicaciones de escritorio, móviles y web. OAuth permite a un usuario dar a una aplicación acceso a su información almacenada por otro servicio sin necesidad de exponer su contraseña. OAuth 2.0, la versión más reciente y ampliamente adoptada, simplifica las interacciones del cliente con los sistemas de protección de recursos y permite una implementación y adopción más escalables.

Componentes Clave de OAuth 2.0

Cliente: La aplicación que quiere acceder a los recursos del usuario, por ejemplo, una aplicación móvil o web.

Servidor de Recursos: El servidor donde los recursos del usuario están almacenados, por ejemplo, un servidor de Facebook conteniendo fotos del usuario.

Servidor de Autorización: El servidor que emite el token de acceso al cliente después de autenticar correctamente al usuario y obtener su autorización.

Propietario del Recurso: El usuario que autoriza al cliente a acceder a sus recursos almacenados en el servidor de recursos.

Flujo de Trabajo de OAuth 2.0

El proceso general para utilizar OAuth 2.0 involucra varios pasos que facilitan la autorización de acceso a los recursos sin revelar las credenciales del usuario:

1. Solicitud de Autorización

Redirección del Usuario: El cliente redirige al usuario al servidor de autorización para autenticarse. En esta solicitud, el cliente incluye su identificador, el tipo de respuesta deseada (código de autorización en flujos más seguros), y el ámbito del acceso que solicita.

Autenticación del Usuario: El usuario se autentica en el servidor de autorización utilizando su nombre de usuario y contraseña (u otro mecanismo de autenticación que el servidor soporte).

Concesión de Autorización: El usuario concede al cliente permiso para acceder a sus recursos. Este permiso se define dentro de un "ámbito" específico (scope) que limita lo que el cliente puede hacer.

2. Adquisición del Token de Acceso

Código de Autorización: Una vez autorizado, el servidor de autorización redirige de nuevo al usuario al cliente con un código de autorización (excepto en el flujo de credenciales del propietario del recurso y en el flujo implícito, donde un token de acceso es enviado directamente).

Solicitud del Token de Acceso: El cliente solicita un token de acceso al servidor de autorización utilizando el código de autorización recibido. Incluye su identificación, secreto del cliente (si aplica), código de autorización, y su URI de redirección para verificación.

Emisión del Token de Acceso: El servidor de autorización valida la solicitud y emite un token de acceso (y opcionalmente un token de actualización que permite al cliente obtener un nuevo token de acceso sin necesidad de autorización del usuario nuevamente).

3. Acceso al Recurso

Solicitud del Recurso: Con el token de acceso, el cliente ahora puede solicitar recursos del servidor de recursos. El token se envía en la cabecera HTTP Authorization para probar que el cliente ha sido autorizado.

Respuesta del Servidor de Recursos: El servidor de recursos valida el token de acceso, y si es válido, responde con el recurso solicitado.

Flujos de Concesión en OAuth 2.0

OAuth 2.0 define cuatro tipos de flujos de concesión para cubrir varios escenarios de uso:

Código de Autorización: Utilizado por clientes que pueden mantener un secreto de cliente. Es el más seguro, especialmente para aplicaciones disponibles públicamente.

Implícito: Para aplicaciones cliente (como aplicaciones JavaScript en navegador) donde el secreto del cliente no puede mantenerse.

Credenciales del Propietario del Recurso: Para cuando el acceso a los recursos se maneja dentro de un único sistema.

Credenciales del Cliente: Utilizado por clientes que actúan en su propio nombre, no en nombre de un usuario (principalmente para el acceso a APIs internas).

OAuth 2.0 es un protocolo potente y flexible diseñado para trabajar en una amplia gama de aplicaciones, desde aplicaciones de servidor a aplicaciones de cliente, incluyendo dispositivos móviles y IoT. Ofrece un método seguro y eficiente para permitir el acceso a recursos sin exponer las credenciales de acceso directo del usuario, facilitando así el desarrollo de aplicaciones que necesitan interactuar con servicios de terceros.

OpenID connect

OpenID Connect es un protocolo de autenticación simple basado en el protocolo OAuth 2.0. Proporciona identificación de los usuarios finales y transmite información del perfil del usuario de forma segura a aplicaciones de terceros. OpenID Connect permite a los clientes verificar la identidad del usuario basada en la autenticación realizada por un servidor de autorización, así como obtener información básica del perfil de usuario en un formato interoperable y REST/JSON.

Componentes Principales de OpenID Connect

Proveedor de Identidades (IdP): Servicio que realiza la autenticación del usuario y proporciona información del usuario a otras aplicaciones (clientes) que lo necesitan.

Cliente: La aplicación que quiere autenticar a un usuario y obtener información sobre él, utilizando OpenID Connect.

Usuario Final: El usuario que desea iniciar sesión en una aplicación utilizando su identidad vinculada a un proveedor de identidades.

Cómo Funciona OpenID Connect

1. Solicitud de Autenticación

El proceso comienza cuando el usuario intenta acceder a un servicio o aplicación (el cliente) que requiere autenticación:

Redirección al Proveedor de Identidades: El cliente redirige al navegador del usuario al proveedor de identidades con una solicitud de autenticación. Esta solicitud incluye:

client_id: Identificador del cliente en el proveedor de identidades.

response_type: Tipo de respuesta deseada; por lo general, code para el flujo de código de autorización, que es el recomendado por razones de seguridad.

scope: Qué información quiere el cliente. Incluye openid, que es obligatoria, y puede incluir otros como profile, email, etc.

redirect_uri: URL a la que el proveedor de identidades redirigirá después de la autenticación.

nonce: Valor aleatorio generado por el cliente para mitigar ataques de repetición.

2. Autenticación del Usuario

Login del Usuario: El usuario se autentica ante el proveedor de identidades usando su método de autenticación (por ejemplo, nombre de usuario y contraseña, autenticación biométrica, etc.).

3. Token de ID y Token de Acceso

Emisión de Tokens: Una vez autenticado, el proveedor de identidades genera:

Token de ID: Contiene información sobre la sesión del usuario y información del usuario (claims), que están protegidos con JWT (JSON Web Tokens).

Token de Acceso: Utilizado por el cliente para acceder a recursos protegidos (por ejemplo, APIs).

Token de Actualización (opcional): Permite al cliente obtener nuevos tokens de acceso sin intervención del usuario.

4. Token de ID

Uso del Token de ID: El cliente utiliza el token de ID para obtener información sobre el usuario (claims). Estos claims pueden incluir el nombre del usuario, email, y otros datos relacionados que fueron autorizados por el usuario durante el paso de solicitud.

5. Obtener Información del Usuario

Petición UserInfo: El cliente puede hacer una petición a la ruta userinfo del proveedor de identidades, utilizando el token de acceso para obtener información detallada del perfil del usuario.

Principales Características de OpenID Connect

Interoperabilidad: Define un protocolo específico que los proveedores de identidades y los clientes deben seguir, asegurando la interoperabilidad.

Seguridad: Utiliza tokens de seguridad y mecanismos de redirección segura para proteger la autenticación y acceso a los datos del usuario.

Rest/JSON: Todo el intercambio de información utiliza REST y JSON, tecnologías web ampliamente usadas y eficientes para aplicaciones modernas web y móviles.

Flexible y Extensible: Además del conjunto básico de claims, los desarrolladores pueden definir sus propios claims para transmitir información específica necesaria para sus aplicaciones.

Uso de OpenID Connect

OpenID Connect es utilizado por muchos servicios en línea para permitir el login con Google, Facebook, PayPal, y otros proveedores de identidades conocidos. Esto simplifica el proceso de registro y login para los usuarios, al permitirles utilizar una identidad digital existente de manera segura y eficiente.

OpenID Connect es una capa de identidad robusta sobre OAuth 2.0 que no solo ayuda en la autenticación simple y estándar entre dominios, sino que también maneja la seguridad y la privacidad de los datos del usuario de manera efectiva, facilitando a los desarrolladores crear aplicaciones que necesitan autenticar usuarios y acceder a su información de manera segura.

OAuth y OpenID Connect son protocolos fundamentales que permiten experiencias federadas de inicio de sesión único en toda la web, utilizados por muchos para acceder a servicios como LinkedIn, Google, Facebook, Amazon y otros. Estos protocolos permiten a los usuarios confiar en un único proveedor de identidad para la autenticación en varias plataformas, agilizando el proceso de inicio de sesión.

Por ejemplo, considere la posibilidad de navegar a una página de inicio y encontrar varias opciones de inicio de sesión. Entre ellas, una opción destacada puede invitarle a iniciar sesión a través de su cuenta de Facebook. Si selecciona esta opción, se le redirigirá a una página de autenticación de Facebook, claramente fuera del dominio actual, como indica la URL. Esta redirección, con "OAuth" en la URL, significa un proceso de autenticación OAuth. Después de iniciar sesión con las credenciales de LinkedIn y completar cualquier medida de seguridad adicional, como la autenticación de dos factores, se te redirigirá de nuevo al sitio web actual, ahora conectado y listo para acceder a tu perfil, todo a través de tus credenciales de Facebook.

Es crucial distinguir entre OAuth y OpenID Connect. OAuth es principalmente un protocolo de autorización, que facilita los permisos entre servicios sin autenticación directa. Esto a menudo lleva a confusión debido al "Auth" en OAuth, que significa autorización, no autenticación. Permite que un servicio acceda a tu información en otro, con permisos explícitos detallados durante el proceso.

OpenID Connect, por el contrario, se basa en OAuth para la autenticación, permitiendo a los servicios verificar las identidades de los usuarios. Este enfoque por capas garantiza que los usuarios puedan autenticarse de forma segura y eficaz en distintos servicios web utilizando un único conjunto de credenciales.

Comprender estos protocolos es esencial para quienes trabajan con proveedores de identidad o consumen servicios que los utilizan. Incluso para aquellos que no están directamente involucrados con OAuth u OpenID Connect, una comprensión sólida de cómo funcionan es vital para ofrecer recomendaciones de seguridad informadas con respecto al intercambio de información con los proveedores de servicios.

Autenticación con certificado

Los certificados digitales sirven como método para autenticar conexiones a servidores a través de SSH, activar tarjetas inteligentes y limitar el acceso a la red a dispositivos específicos. La utilización de certificados digitales para la autenticación implica la generación de certificados similares a los que protegen los sitios web, con el objetivo de ofrecer una clave pública verificable a terceros y mantener la confidencialidad de la clave privada correspondiente, afirmando así la propiedad de la clave pública.

Explorando la autenticación basada en claves para el acceso a servidores, el proceso se inicia con la generación de un par de claves pública-privada, manteniendo la clave privada como confidencial y distribuyendo la clave pública al servidor con fines de autenticación. Al intentar iniciar sesión, el servidor emite un desafío aleatorio que el usuario encripta con su clave privada y devuelve al servidor. A continuación, el servidor lo descifra con la clave pública y, si el desafío coincide, confirma su identidad y le concede el acceso, reflejando la seguridad de una contraseña robusta pero con la ventaja de la automatización de las conexiones de servidor a servidor.

Para demostrarlo, considere la posibilidad de configurar un servidor Linux en AWS. Después de crear el servidor y seleccionar un nuevo par de claves para el acceso SSH, descarga la clave en su ordenador. Una vez que el servidor esté funcionando, intenta conectarse mediante SSH, especificando el archivo de clave privada. Al principio, es posible que aparezca una advertencia sobre la autenticidad desconocida del servidor, que, una vez aceptada, añade la clave del servidor a sus hosts conocidos, facilitando futuras conexiones. Si hubiera un problema de permisos con el archivo de clave privada, el ajuste de los permisos del archivo para restringir el acceso sólo al usuario lo resuelve, permitiendo que la conexión se realice sin problemas.

Además, la integración de una Autoridad de Certificación (CA) con autenticación basada en certificados refuerza la seguridad al validar no sólo la posesión de la clave privada, sino también la identidad del titular. Este enfoque sustenta las conexiones de servidor a servidor, las tarjetas inteligentes habilitadas para PKI, como la tarjeta de acceso común del Gobierno Federal de EE.UU., y los estándares de autenticación de red como IEEE 802.1X, demostrando su versatilidad y eficacia de seguridad en las comunicaciones digitales.

GOBERNANZA DE IDENTIDADES Y PROVEEDORES DE IDENTIDAD

En este segmento, hemos abordado cómo la autenticación verifica la identidad de un individuo, mientras que la autorización le concede acceso a recursos específicos. Estos componentes deben sinergizarse eficazmente para un control de acceso óptimo. Un proveedor de identidades (IDP) desempeña un papel fundamental en la autenticación de sus medidas de seguridad, mientras que el gobierno de identidades supervisa el proceso de autorización en sus sistemas. Profundicemos en cada concepto.

Quizás se pregunte qué es exactamente un proveedor de identidades y en qué beneficia a mi organización. Fundamentalmente, un proveedor de identidades es un servicio que confirma la identidad de sus usuarios, garantizando que son quienes dicen ser. Este proceso de verificación refuerza la seguridad de su organización, una ventaja clave. Considere un proveedor de identidad como un mediador que interactúa con el usuario en su nombre. Un IDP realiza numerosas funciones para usted, actuando como fuente fiable para la autenticación de usuarios. Es responsable de crear, mantener y gestionar las identidades utilizadas dentro de su organización.

La autenticación a través de un IDP es un proceso claro. Inicialmente, un usuario busca acceso, normalmente introduciendo un nombre de usuario y una contraseña. El IDP verifica entonces al usuario en su base de datos para asegurarse de que las credenciales son correctas, emitiendo posteriormente un token al usuario como prueba de su estado autenticado.

Tras la autenticación, entra en juego la gobernanza de identidades para gestionar y asignar el acceso adecuado a los usuarios. Emplea la tecnología de administración de gobierno de identidades (IGA) para centralizar la gestión del acceso. Una vez autenticado un usuario, el gobierno de identidades lo verifica comprobando el token emitido por el IDP, permitiendo así el acceso a los recursos designados.

Por ejemplo, consideremos a Juan, que posee dos propiedades y desea ver sus facturas de electricidad en línea. Al introducir sus datos de acceso en el sitio web del proveedor de servicios, el IDP confirma la identidad de Juan y le expide un token. A continuación, el sistema de gobierno de la identidad valida este token, accede a los registros de la empresa de servicios públicos para encontrar las dos propiedades de Juan y proporciona los datos de facturación de ambas, sin revelar ninguna información de cuenta no relacionada.

Es crucial que las organizaciones se aseguren de que sólo aquellos con acceso legítimo pueden entrar en su entorno digital. Utilizar un proveedor de identidades para la autenticación, junto con un sistema de gobierno de identidades para la gestión de accesos, constituye una estrategia eficaz para la gestión de usuarios. Los interesados en profundizar en este tema pueden consultar las distintas soluciones de proveedores de identidades y control de identidades.

SINGLE SIGN ON (SSO)

El inicio de sesión único, a menudo abreviado como SSO en los sectores tecnológicos, encarna un concepto sencillo. Permite a los usuarios iniciar sesión una sola vez y acceder a múltiples servicios, como plataformas de correo electrónico o sistemas de gestión de gastos. El SSO ofrece ventajas significativas tanto para las personas que gestionan los sistemas de identidad como para los propios usuarios finales. Para los usuarios, el atractivo del SSO es innegable, aunque no estén familiarizados con el término. La comodidad de introducir las credenciales de inicio de sesión una sola vez para navegar por varios servicios simplifica considerablemente la experiencia del usuario. Esta facilidad de acceso puede conducir a una mayor eficiencia, especialmente para aquellos que interactúan con numerosos sistemas o recursos de forma regular. Personalmente, aprecio la comodidad de iniciar sesión una sola vez al día.

Otra gran ventaja del inicio de sesión único es su capacidad para aliviar la "fatiga de contraseñas". Para los usuarios que tienen que hacer malabarismos para acceder a numerosos recursos, recordar varias contraseñas puede ser difícil y llevar mucho tiempo. Con el inicio de sesión único, la necesidad de recordar una sola contraseña sólida fomenta la creación de contraseñas más seguras y sólidas, en lugar de utilizar contraseñas más sencillas y potencialmente repetidas en distintos sistemas. Esta práctica común de utilizar contraseñas fáciles de adivinar, o incluso de anotarlas, deja información sensible expuesta a observadores involuntarios.

Desde el punto de vista administrativo, el inicio de sesión único agiliza el proceso de gestión de la autenticación. Implementar un procedimiento de autenticación unificado en varios servicios con un único conjunto de herramientas simplifica considerablemente las tareas de los administradores. Además, el SSO mejora la seguridad general de la red. Al establecer una identidad singular para cada usuario en múltiples sistemas, los administradores pueden revocar eficazmente el acceso a todos los recursos asociados simplemente desactivando una sola cuenta cuando un usuario abandona la organización. Según mi colega de TI, esta función es tremendamente beneficiosa para quienes gestionan el acceso a los sistemas.

Para los menos versados en la jerga informática, el funcionamiento del inicio de sesión único es bastante directo. El mecanismo de SSO implica una colaboración entre un proveedor de servicios y un proveedor de identidades de confianza anteriormente mencionado. Cuando un usuario intenta acceder a una aplicación o sitio web, inicia el proceso enviando su nombre de usuario. El proveedor de servicios solicita entonces la autenticación al proveedor de identidades. Si la autenticación es satisfactoria, el proveedor de identidad emite un token que valida las credenciales del usuario y que el proveedor de servicios utiliza para conceder el acceso. Cabe destacar que este token de autenticación puede acompañar al usuario a través de varios servicios, suponiendo que esos servicios admitan el reenvío de tokens, un detalle que su departamento de TI puede explicarle con más detalle.

Un ejemplo ilustrativo de SSO en acción es el uso de credenciales de Facebook para iniciar sesión en varios sitios web, como Airbnb o Spotify. Este sistema permite utilizar un único conjunto de datos de acceso en más de 150.000 sitios web, lo que elimina la necesidad de utilizar varios nombres de usuario y contraseñas. El inicio de sesión único no sólo simplifica el acceso para los usuarios, sino que también eleva las medidas de seguridad para los proveedores de servicios, lo que representa un beneficio universal para todas las partes implicadas.

Autorización

La autorización marca la fase concluyente en la que se concede a un usuario la entrada a un recurso concreto. Después de un proceso de autenticación exitoso dentro de un sistema, la autorización delinea los privilegios específicos otorgados al usuario para acceder a recursos e información dentro de ese sistema. Existen varias metodologías de autorización, todas las cuales serán exploradas a lo largo de este libro. Para empezar, vamos a profundizar en dos principios generales de autorización cruciales para garantizar una seguridad robusta.

El primer principio que examinaremos es el concepto de mínimo privilegio. Este principio aboga por asignar a los individuos sólo los permisos mínimos necesarios para ejecutar sus tareas de trabajo designadas. El privilegio mínimo tiene una importancia significativa por dos razones principales. En primer lugar, mitiga el daño potencial derivado de las amenazas internas. En caso de que un empleado se vuelva malicioso, el daño que puede infligir permanece confinado dentro de los límites de los privilegios correspondientes a su función laboral. Por ejemplo, es improbable que un contable tenga la capacidad de manipular el sitio web de la empresa, ya que la gestión de contenidos web no entra dentro de sus competencias. En segundo lugar, el privilegio mínimo limita la capacidad de los atacantes externos para obtener rápidamente privilegios de acceso elevados al comprometer la cuenta de un empleado. A menos que el atacante consiga infiltrarse en una cuenta de administrador, sus acciones estarán limitadas por los permisos de la cuenta comprometida.

El segundo principio cardinal es la segregación de funciones. Este principio aboga por la participación de al menos dos personas en la ejecución de funciones empresariales sensibles. Esta medida sirve para disminuir la probabilidad de actividades fraudulentas al hacer necesaria la connivencia entre varios empleados para perpetrar el fraude. Un ejemplo ilustrativo de la segregación de funciones puede encontrarse en los departamentos de supervisión, donde la autoridad para crear nuevas cuentas de proveedores y emitir pagos está separada para evitar posibles esquemas de fraude.

Las organizaciones deben permanecer vigilantes contra la proliferación de privilegios mientras se adhieren a los principios de mínimo privilegio y segregación de funciones. La acumulación de privilegios se produce cuando los usuarios cambian de funciones y adquieren privilegios adicionales asociados a sus nuevas responsabilidades, al tiempo que conservan los privilegios de sus puestos anteriores. Con el tiempo, los empleados que pasan por varias funciones dentro de una organización pueden acumular privilegios significativos a través de este proceso.

Consideremos el caso de Jane, que inicialmente trabaja como administrativa en el departamento de supervisión, encargada de emitir los pagos a los proveedores. Tras ser ascendida a supervisora contable, adquiere la responsabilidad adicional de crear nuevas cuentas de proveedores, pero conserva sus privilegios anteriores. En consecuencia, tiene capacidad tanto para crear nuevos proveedores como para emitir pagos, violando así los principios de privilegio mínimo y segregación de funciones.

Para mantener los principios de privilegio mínimo y segregación de funciones, las organizaciones deben realizar auditorías periódicas de las cuentas. Estas auditorías pueden ser tanto manuales como automatizadas, con procesos automatizados que verifiquen que los nuevos privilegios concedidos cumplen los requisitos de segregación de funciones. Además, se recomiendan las revisiones trimestrales de acceso, en las que los gestores examinan los permisos de los empleados para comprobar que cumplen el principio del mínimo privilegio.

Mantener sistemas de autorización sólidos es una tarea imperativa para los profesionales de la seguridad. Los profesionales de la ciberseguridad deben familiarizarse con las distinciones entre privilegio mínimo y segregación de funciones para abordar eficazmente las cuestiones relacionadas.

ROLES DE USUARIO

Profundicemos en el ámbito de los roles laborales y su correlación con los permisos de acceso. Mantener un inventario completo de funciones y políticas asociadas que delimiten los privilegios de acceso dentro de una organización es crucial para una gestión eficaz del acceso. Sin funciones claramente definidas, los administradores se verían obligados a indagar individualmente sobre los requisitos y las razones de cada usuario. Del mismo modo, la falta de políticas definidas provocaría ambigüedad a la hora de determinar los derechos de acceso.

Consideremos un escenario en el que hay un puesto vacante de director de ingeniería en Acme. Es imperativo proporcionar rápidamente acceso a las aplicaciones necesarias para cualquier persona que ocupe este puesto. Aquí es donde la gestión de roles emerge como un aspecto fundamental del gobierno de identidades. Las funciones no sólo agilizan la provisión de acceso, sino que también facilitan la gestión de acceso a nivel macro. Por ejemplo, permiten a los administradores determinar qué aplicaciones utiliza el personal directivo o qué cargos tienen acceso a los repositorios de GitHub.

Tómese un momento para reflexionar sobre las funciones dentro de su organización. ¿Qué aplicaciones son indispensables para la productividad de cada función? Ahora, centrémonos en las políticas. Una política sirve como principio rector para salvaguardar la información, acompañada de un conjunto de reglas que imponen acciones específicas alineadas con la política. Consideremos una política frecuente conocida como segregación de funciones (SOD), que aboga por el establecimiento de controles y equilibrios para evitar que una sola persona tenga el control unilateral de un sistema o proceso.

Ya tenemos nuestra política. Para ponerla en práctica, formulamos una regla que estipula que ningún usuario debe tener acceso simultáneo a las aplicaciones de nóminas y finanzas. A continuación, esta regla se integra en el sistema de gobierno de identidades, donde puede aplicarse durante las solicitudes de acceso o las asignaciones automáticas de funciones. Este marco permite a las organizaciones establecer reglas que se adhieran a los requisitos normativos o a las prácticas empresariales internas.

En resumen, la sinergia entre políticas, reglas y funciones constituye la base de un sistema de gobernanza eficaz, que garantiza que la gestión de accesos cumpla la normativa y sea ágil.

GESTIÓN DE ROLES

Los roles agilizan el proceso de gestión de permisos de seguridad para los administradores, permitiéndoles consolidar varios permisos en entidades únicas que pueden ser asignadas colectivamente a múltiples usuarios. En el entorno Windows, esto se gestiona normalmente mediante grupos de seguridad, lo que facilita considerablemente la complejidad de la administración de cuentas. La introducción de funciones significa que cuando se añade un usuario a un equipo, se le puede asignar rápidamente la función correspondiente, concediéndole al instante los permisos vinculados a su nueva posición. A la inversa, si se retira a un usuario de una función, se revocan esos permisos, lo que simplifica el proceso de gestión de los derechos de acceso de los usuarios.

Las funciones también resuelven los problemas asociados al uso de cuentas compartidas no específicas. En lugar de crear una cuenta única para un departamento -como una cuenta para todo el personal de RR.HH. o las recepcionistas-, lo que complica la pista de auditoría y obliga a cambiar las contraseñas cuando hay rotación de personal, las funciones permiten crear cuentas individuales con permisos de grupo gestionados.

Para ilustrarlo, consideremos la creación de grupos de seguridad dentro de un servidor Windows para departamentos como recursos humanos y supervisión. Utilizando la herramienta Usuarios y equipos de Active Directory, un administrador puede crear fácilmente un nuevo grupo para cada departamento. Por ejemplo, la creación de un grupo de "Recursos Humanos" implica nombrar el grupo en consecuencia y designarlo como un grupo de seguridad global. A continuación, se pueden añadir miembros a este grupo, como las empleadas Alice y Carol. Este proceso puede repetirse para otros departamentos, como "Supervisión", al que pueden añadirse empleados como Bob y Tracy.

Una vez establecidos los grupos, los permisos para los recursos específicos del departamento pueden gestionarse a nivel de grupo. Por ejemplo, si hay una carpeta llamada "Documentos secretos" destinada únicamente al departamento de Recursos Humanos, un administrador puede establecer los permisos de la carpeta para conceder el control total al grupo "Recursos Humanos". Este método garantiza que los permisos se gestionen dinámicamente a través de la pertenencia al grupo: si se añade un nuevo empleado de Recursos

Humanos al grupo, obtendrá acceso; si se elimina a alguien del grupo, se revocará su acceso.

Este enfoque no sólo mejora la seguridad al eliminar la necesidad de cuentas genéricas compartidas, sino que también simplifica la carga administrativa asociada a la gestión individual de los permisos de usuario, lo que demuestra la eficiencia y eficacia del control de acceso basado en funciones.

Gestión de Acceso Privilegiado (PAM)

Las cuentas privilegiadas, como las de los ingenieros de sistemas y los administradores de aplicaciones, requieren medidas de protección adicionales debido a su acceso a sistemas sensibles. Las soluciones de Gestión de Acceso Privilegiado (PAM) se despliegan para salvaguardar estas cuentas y supervisar las acciones de los usuarios privilegiados a través de varias funcionalidades clave.

Una característica esencial de las soluciones PAM es la vault de contraseñas, un método para almacenar y gestionar de forma segura el acceso a las credenciales de cuentas privilegiadas. Estas bóvedas mantienen las contraseñas cifradas y desconocidas para los usuarios, generándolas bajo demanda para un acceso de un solo uso. Este enfoque no sólo asegura las contraseñas, sino que también garantiza que el acceso a las cuentas privilegiadas pueda ser rastreado y auditado eficazmente.

Otro componente es el proxy de comandos de usuario, que permite a los usuarios solicitar la ejecución de comandos con privilegios elevados sin acceder directamente al sistema de destino. El sistema PAM autentica la autoridad del usuario para el comando y luego lo ejecuta en su nombre, manteniendo la seguridad y la supervisión.

La supervisión mejorada también es crucial, con soluciones PAM que registran cada acción dentro de una sesión privilegiada para la rendición de cuentas y la auditabilidad. Este registro detallado permite llevar a cabo investigaciones exhaustivas y comprobaciones de cumplimiento, ya que permite saber exactamente qué se ha hecho, quién lo ha hecho y cuándo.

Las soluciones PAM ayudan en la gestión rutinaria de las cuentas automatizando los cambios de contraseña de acuerdo con las políticas de la organización, garantizando así que las contraseñas sigan siendo seguras y estén actualizadas. Además, incorporan protocolos de acceso de emergencia, que permiten el acceso directo al sistema en circunstancias excepcionales, al tiempo que capturan el evento y garantizan medidas de seguridad posteriores, como la rotación de contraseñas.

Para mitigar el riesgo de uso indebido o comprometido, los principios de PAM abogan por limitar los privilegios administrativos a cuando sean estrictamente necesarios, independientemente de la función del usuario. Incluso los administradores de alto nivel deben operar con cuentas de usuario estándar para las tareas cotidianas, elevando sus privilegios sólo cuando sea necesario, por ejemplo, utilizando el comando "sudo" en entornos Linux para acciones administrativas específicas.

El objetivo es restringir el uso de herramientas de escalada de privilegios como "sudo" a aquellos con auténticos requisitos administrativos, minimizando los posibles riesgos de seguridad. Mediante la aplicación de estas prácticas, las organizaciones pueden gestionar eficazmente los riesgos inherentes asociados al acceso a cuentas privilegiadas.

SOLICITUD DE ACCESO

El proceso de solicitud de acceso es esencialmente el mecanismo a través del cual se concede autorización a usuarios, sistemas y aplicaciones para acceder a datos o recursos. Este proceso suele implicar la obtención de aprobaciones, la realización de comprobaciones de políticas y, en ocasiones, incluso verificaciones de seguridad. No completar este proceso correctamente significa que no se proporcionará acceso a los datos o recursos deseados. Al igual que en el juego de Simón Dice, si no se sigue la orden correctamente, no se obtendrá acceso.

Además, las solicitudes de acceso sirven como pistas de auditoría cruciales. Permiten controlar qué permisos de acceso se concedieron a quién, cuándo se concedieron y quién los autorizó. El cumplimiento de la normativa es un aspecto importante del gobierno de la identidad. Cuando se trata de acceso a datos o aplicaciones sensibles, es esencial mantener un registro de cómo se concedió el acceso, incluyendo cualquier aprobación asociada al mismo.

Piense en lo siguiente: Llevas tres meses en Acme y te gusta todo lo relacionado con la nueva empresa, incluida la bonita taza de Acme que tienes en casa. Su jefe te asigna un nuevo proyecto que requiere acceso a determinadas aplicaciones. Entras en el sistema de solicitud de acceso de Acme, buscas la aplicación necesaria y envías una solicitud de acceso. Proporcionas una justificación, detallando el proyecto en el que está trabajando y por qué necesita acceder a la aplicación. A continuación, la solicitud se envía a tu jefe para que la apruebe. Una vez revisada, el gestor aprueba rápidamente la solicitud, proporcionando una justificación en la que se indica la finalidad del acceso. El sistema registra todos estos pasos, actualiza sus permisos de acceso y crea su cuenta en el sistema correspondiente. Ya puedes empezar tu nuevo proyecto. Además, tu organización conserva un rastro auditable del proceso de solicitud de acceso, documentando quién solicitó el acceso, quién lo aprobó y las justificaciones asociadas.

Mandatory Access Control (MAC)

Los sistemas de control de acceso obligatorio (MAC) representan la forma más estricta de los mecanismos de control de acceso. En los sistemas MAC, el propio sistema operativo impone limitaciones a los permisos asignables a usuarios y procesos en relación con los recursos del sistema. En particular, los usuarios carecen de la capacidad de alterar estos permisos directamente. En consecuencia, las implementaciones MAC rara vez se encuentran en pleno despliegue en los sistemas de producción, a menos que se trate de entornos altamente seguros. Normalmente, MAC se manifiesta como un marco de control de acceso basado en reglas en el que los usuarios y los recursos poseen etiquetas distintas, lo que facilita las determinaciones de control de acceso realizadas por el sistema operativo mediante comparaciones de etiquetas.

Antes de profundizar en un ejemplo, es crucial aclarar la terminología. Aquí, MAC se refiere específicamente al control de acceso obligatorio y al modelo de control de acceso asociado. Esta discusión no concierne al sistema operativo Macintosh, que no soporta el control de acceso obligatorio.

En el contexto del gobierno de EE.UU., los controles de acceso obligatorios se utilizan con frecuencia para salvaguardar la información clasificada. En este marco, tanto los documentos como los usuarios reciben designaciones de clasificación. Los documentos pueden clasificarse como alto secreto, secreto o confidencial en función de su sensibilidad, mientras que los usuarios reciben una etiqueta similar en función de sus autorizaciones de seguridad y niveles de acceso autorizados.

El sistema de control de acceso obligatorio evalúa estas etiquetas, permitiendo el acceso en función de los niveles de autorización. Por ejemplo, un usuario con autorización secreta puede acceder a documentos clasificados como secretos o de nivel inferior, pero se le denegaría el acceso a documentos de alto secreto debido a una autorización insuficiente. En particular, la implementación más comúnmente reconocida de MAC en un sistema operativo es Security Enhanced Linux (SELinux). Desarrollado por la Agencia de Seguridad Nacional de EE.UU. en la década de 1990, SELinux sirve como módulo de seguridad del núcleo de Linux y está integrado en varias distribuciones de Linux, como Red Hat Enterprise Linux, CentOS y Fedora.

CONTROL DE ACCESO DISCRECIONAL (DAC)

Los sistemas de control de acceso discrecional (sistemas DAC) ofrecen un método versátil de autorización que permite a los usuarios asignar privilegios de acceso a otros usuarios. Los propietarios de archivos, ordenadores y otros recursos conservan la discreción de configurar los permisos según sus preferencias. Los sistemas DAC son ampliamente adoptados debido a su flexibilidad inherente, que proporciona a las organizaciones una adaptabilidad esencial. Piense en una situación en la que los usuarios de su organización carecieran de la capacidad de asignar permisos a los archivos, lo que obligaría al departamento de TI a intervenir en cada solicitud de acceso. Sin duda, una configuración de este tipo introduciría una complejidad considerable, ¿verdad?

Ilustremos un sistema de control de acceso discrecional con un ejemplo. Supongamos que hay un archivo que contiene información sobre los empleados, originado por Jane, una analista de RR.HH. a la que el sistema operativo reconoce como propietaria del archivo. A pesar de la propiedad de Jane, ella creó el archivo a petición de Bob y desea concederle permisos idénticos. En consecuencia, Jane asigna a Bob el control total sobre el archivo.

Además, reconociendo la necesidad de Carol de actualizaciones periódicas, Jane le otorga permisos de lectura y escritura. Posteriormente, Bob desea que su superior, Tracy, vea el archivo sin poder modificarlo. Aprovechando su condición de control total, Bob amplía los permisos a Tracy en consecuencia. Cabe destacar que Tracy y Carol carecen de autoridad para modificar estos permisos, ya que no son propietarias del archivo ni poseen privilegios de control total. Este escenario ejemplifica un sistema de control de acceso discrecional, en el que tanto Jane como Bob poseen la discreción para ajustar los permisos de los archivos según sea necesario.

Por el contrario, en un escenario de control de acceso obligatorio, Jane y Bob no tendrían autoridad para conceder acceso a archivos a otras personas. Los permisos estarían predeterminados por el sistema operativo basándose en las clasificaciones de los archivos. En particular, el modelo de control de acceso del sistema de archivos NTFS utilizado en los discos de Windows sirve como ejemplo destacado de un sistema de control de acceso discrecional. Permite a los propietarios de los archivos asignar diversos permisos a otros usuarios. En los capítulos siguientes se profundizará en las listas de control de acceso NTFS.

LISTAS DE CONTROL DE ACCESOS (ACL)

Dentro de un sistema de Control de Acceso Discrecional (DAC), los propietarios de los recursos ejercen la autoridad para establecer y ajustar los permisos para otros usuarios del sistema. Los propietarios de archivos administran los permisos del sistema de archivos mediante la creación de listas de control de acceso (ACL), que esencialmente comprenden una lista de nombres de usuario junto con los permisos concedidos a cada usuario en un recurso determinado. Por ejemplo, supongamos que soy propietario de un archivo en un ordenador gobernado por un sistema DAC y deseo permitir a otros usuarios el acceso a mi archivo. Podría conceder a un usuario la capacidad de editar el archivo y a un grupo de usuarios más amplio la capacidad de leerlo exclusivamente. Cada una de estas decisiones requiere una entrada en la lista de control de acceso.

El sistema de archivos NTFS utilizado por Windows incorpora listas de control de acceso, que permiten a los usuarios asignar diversos permisos. "Control total" confiere acceso sin restricciones para realizar cualquier acción en el archivo o carpeta. El permiso de "Lectura" permite ver el contenido del archivo, mientras que el de "Lectura y ejecución" va más allá de la mera lectura, permitiendo la ejecución de programas ejecutables. El permiso "Escribir" permite a los usuarios crear archivos y añadir datos, mientras que "Modificar" abarca la eliminación de archivos e incluye los permisos "Leer y Ejecutar" ausentes en el grupo de permisos "Escribir".

Consideremos un ejemplo en el que tenemos un fichero que contiene información sobre los empleados y queremos configurar el acceso para cuatro usuarios: Jane como propietaria, Bob con control total, Tracy con acceso de sólo lectura y Carol con acceso de lectura y escritura. Implementemos esto en un servidor Windows real. Tras acceder a las propiedades del archivo y navegar hasta la pestaña de seguridad, iniciamos el proceso estableciendo a Jane como propietaria del archivo. A continuación, concedemos explícitamente a Jane el control total. Posteriormente, repetimos el proceso para Bob, asegurándonos de que también recibe el control total. A Tracy se le proporciona acceso de sólo lectura, mientras que a Carol se le conceden permisos de lectura y escritura.

La naturaleza discrecional del DAC permite a los propietarios de los archivos o a los administradores del sistema configurar los permisos según su criterio, sin necesidad de modificar los atributos de los archivos o las reglas de las cuentas. Esto subraya la flexibilidad inherente a los sistemas DAC, donde el establecimiento de los permisos deseados recae en el propietario o administrador.

CONTROL DE ACCESOS A BASES DE DATOS

Las bases de datos emplean diversas metodologías de autenticación y autorización para salvaguardar los datos sensibles que almacenan. La autenticación de bases de datos comparte similitudes con los conceptos tratados anteriormente. Los usuarios pueden establecerse dentro de la base de datos, lo que les permite autenticarse mediante contraseñas o mecanismos alternativos. Las tecnologías de autenticación específicas disponibles varían en función de la plataforma de base de datos utilizada. Por ejemplo, Microsoft SQL Server ofrece tres modos de autenticación de usuarios: Modo de autenticación de SQL Server, que aprovecha las cuentas de usuario locales; Modo de autenticación de Windows, que utiliza cuentas de Windows gestionadas a través del sistema operativo subyacente, posiblemente mediante autenticación centralizada como Active Directory; y Modo de autenticación mixta, que admite tanto cuentas locales como de Windows. Otras plataformas de bases de datos pueden adoptar métodos de autenticación similares, combinando las cuentas locales con las de un sistema de autenticación centralizado.

La autorización de bases de datos puede controlarse mediante dos técnicas principales. En primer lugar, las cuentas pueden asignarse a roles predefinidos o definidos por el administrador, cada uno asociado a permisos específicos. Por ejemplo, un rol puede conceder acceso de sólo lectura a toda la base de datos, otro puede proporcionar derechos administrativos completos y un tercero puede ofrecer permisos administrativos limitados para la gestión de copias de seguridad. En segundo lugar, se pueden asignar permisos de acceso más precisos a cuentas individuales. Esto podría implicar conceder a un usuario permiso para seleccionar objetos de una tabla e insertar objetos en otra.

Aunque este libro no profundizará en los detalles de la seguridad de las bases de datos, es esencial comprender varios conceptos de alto nivel. Exploremos la autorización de bases de datos en Microsoft SQL Server. En SQL Server Management Studio, estando conectado a un servidor de base de datos, para añadir un usuario, como R Smith, a la función de administrador del sistema, me dirijo a la ficha de funciones del servidor en la carpeta de seguridad. Aquí, puedo ver los roles predefinidos, incluyendo sysadmin. Haciendo clic en sysadmin y seleccionando propiedades se muestran los miembros actuales del rol. Añadir un nuevo usuario implica hacer clic en "añadir", escribir el nombre o la cuenta del usuario, marcarlo y hacer clic en "Aceptar".

Además, se pueden conceder permisos sobre tablas específicas de la base de datos. Supongamos que quiero permitir que R Smith inserte registros en la tabla de pedidos de la base de datos de ventas. Después de cambiar a la base de datos apropiada, puedo ejecutar un comando SQL concediendo el permiso de inserción a R Smith en la tabla de pedidos. A la inversa, la revocación de permisos sigue un proceso similar utilizando la palabra clave "revoke" en lugar de "grant".

Este ejemplo proporciona una visión de la concesión y revocación de permisos de base de datos. Mientras que los administradores de bases de datos están bien versados en estos conceptos, los profesionales de la seguridad requieren una comprensión fundamental de las operaciones de autenticación y autorización de bases de datos.

DENEGACIÓN IMPLÍCITA

El principio de denegación implícita, comúnmente conocido como "denegación por defecto", sirve como piedra angular en los sistemas de control de acceso, estipulando que cualquier acción no permitida explícitamente debe ser denegada. Ante una solicitud, si un sistema carece de instrucciones explícitas sobre cómo gestionarla, deniega el acceso por defecto. Un buen ejemplo de este principio es el de los cortafuegos. Cuando un cortafuegos recibe una solicitud de conexión, primero examina sus reglas para comprobar si alguna aborda explícitamente la situación. Si encuentra una regla que coincida, el cortafuegos ejecuta la acción especificada en ella. Sin embargo, si no hay ninguna directriz explícita disponible, el cortafuegos bloquea la solicitud de conexión.

El principio de denegación por defecto tiene una importancia significativa en la seguridad, especialmente en lo que respecta a las configuraciones de cortafuegos. Familiarizarse con este concepto es imperativo.

CONTROL DE ACCESOS BASADO EN ROLES (RBAC)

Los sistemas de control de acceso basado en funciones (RBAC) agilizan la gestión de autorizaciones agrupando los permisos en función de las funciones de cada puesto y no de cada usuario. Los administradores definen funciones basadas en el trabajo y asignan permisos en consecuencia, asignando posteriormente usuarios a estas funciones. Aunque esto requiere un esfuerzo inicial adicional, simplifica las tareas de gestión futuras. Al dar de alta a un nuevo usuario, los administradores no necesitan determinar permisos explícitos; en su lugar, asignan al usuario las funciones pertinentes y los permisos se aplican automáticamente. Del mismo modo, cuando un grupo de usuarios requiere permisos adicionales, los administradores pueden asignarlos a la función adecuada, garantizando actualizaciones de permisos sin fisuras para todos los miembros de la función.

RBAC es fundamental en la gestión de los controles de acceso en toda la empresa, garantizando que sólo los usuarios autorizados tengan acceso a determinados datos o recursos. Este enfoque simplifica la gestión de accesos y mejora la seguridad al asignar permisos a roles en lugar de a usuarios individuales, lo que facilita la administración de permisos a gran escala.

Premisas del RBAC

RBAC opera sobre los siguientes principios básicos:

Roles: Definen un conjunto de permisos de acceso dirigidos a las funciones de trabajo dentro de una organización. Un rol representa una colección de permisos que especifican las acciones operativas permitidas para los usuarios asignados a estos roles.

Usuarios: Individuos que son asignados a uno o más roles, adquiriendo así los permisos asociados a dichos roles.

Permisos: Descripciones de las operaciones permitidas sobre un conjunto de recursos. Los permisos están asociados a roles, y a través de esos roles se otorga a los usuarios la capacidad de realizar acciones específicas.

Sesiones: Un mapeo que implica a usuarios y subconjuntos activados de roles a los que pertenecen. La sesión de un usuario dicta qué permisos de rol están actualmente activos para ese usuario.

Ventajas de RBAC

Gestión simplificada: Al agrupar los permisos en roles, RBAC reduce la complejidad de asignar y revocar permisos para cada usuario individualmente.

Seguridad y conformidad mejoradas: RBAC ayuda a aplicar el principio de mínimo privilegio y segregación de funciones, minimizando el riesgo de acceso no autorizado y facilitando el cumplimiento de los requisitos normativos.

Escalabilidad: Los sistemas RBAC son altamente escalables, lo que los hace adecuados para organizaciones de cualquier tamaño. A medida que la organización crece, pueden crearse nuevas funciones y ajustarse los permisos sin afectar directamente a los usuarios individuales.

Eficiencia en la administración: Los cambios en las funciones de trabajo o las salidas de empleados pueden gestionarse fácilmente reasignando roles, en lugar de reconfigurar los permisos para cada cuenta de usuario.

Ejemplo 1: Sector sanitario

En un hospital, los roles pueden ser "Enfermero", "Médico", "Técnico" y "Administrador". Cada rol tiene acceso a los historiales de los pacientes, pero con distintos niveles de permiso. Por ejemplo, aunque tanto médicos como enfermeros pueden ver los historiales de los pacientes, sólo los médicos pueden añadir nuevos historiales o modificar los existentes. Los administradores, por su parte, pueden tener acceso a los datos financieros y operativos del hospital, pero no a la información confidencial de los pacientes.

Ejemplo 2: Departamento de TI

En un departamento de informática, las funciones podrían ser "Administrador de sistemas", "Ingeniero de redes", "Técnico del servicio de asistencia" y "Director de informática". Los administradores de sistemas podrían tener acceso total a todos los sistemas y redes, los ingenieros de redes podrían tener acceso sólo a los ajustes de configuración de la red, los técnicos del servicio de asistencia podrían tener el acceso limitado necesario para la resolución de problemas y la asistencia al usuario, y los gestores de TI podrían tener permisos para ver los registros del sistema y los informes de rendimiento sin capacidad para alterar las configuraciones del sistema.

Ejemplo 3: Sector educativo

En una universidad, pueden definirse funciones como "Estudiante", "Profesor", "Jefe de departamento" y "Registrador". Los estudiantes pueden acceder a los materiales del curso y enviar tareas, los profesores pueden publicar los materiales del curso y calificar las tareas, los jefes de departamento pueden aprobar los esquemas de los cursos y acceder a los informes departamentales, y los registradores podrían gestionar los registros de los estudiantes y los detalles de la inscripción.

RBAC es un enfoque potente y flexible para el control de acceso que alinea los permisos con la estructura y las funciones de la organización, agilizando el proceso de gestión de permisos de usuario y mejorando la seguridad. Al abstraer los permisos en roles, las organizaciones pueden lograr un método más organizado, seguro y eficiente de control de acceso que se adapta a su crecimiento y a los cambios.

CONTROL DE ACCESO BASADO EN ATRIBUTOS (ABAC)

El control de acceso basado en atributos (ABAC) representa un enfoque de control de acceso más generalizado que el RBAC. En lugar de agrupar a los usuarios en roles predefinidos, ABAC permite a los administradores elaborar políticas de seguridad basadas en atributos de usuario, objeto y contexto. ABAC facilita las restricciones de acceso condicionales, permitiendo políticas tales como restringir el acceso a la información salarial hasta que los ejecutivos finalicen los aumentos de mérito.

El control de acceso basado en la ubicación amplía el modelo de atributos al incorporar la ubicación física del usuario como atributo. Por ejemplo, una política podría obligar a acceder a los datos sólo desde ubicaciones físicas específicas.

Las políticas de control de acceso pueden abarcar otras restricciones, incluidas las limitaciones basadas en el tiempo para regular el acceso al sistema fuera del horario laboral. Por ejemplo, restringir el acceso al sistema de un usuario durante la noche y los fines de semana puede mitigar los riesgos asociados con la actividad no supervisada.

La implementación de restricciones horarias en un entorno Windows Active Directory implica configurar las horas de inicio de sesión de los usuarios. Al definir horarios específicos durante los cuales los usuarios pueden acceder al sistema, los administradores mejoran la seguridad al limitar el acceso a los períodos designados.

Al igual que ocurre con otras medidas de seguridad, los controles de acceso deben seguir un enfoque basado en el riesgo, en el que se apliquen normas más estrictas para las situaciones de mayor riesgo. Por ejemplo, el acceso a información muy sensible puede requerir medidas de autenticación más estrictas.

Ejemplo 1: Acceso dinámico a datos en sanidad

En una aplicación sanitaria, el acceso a los historiales de los pacientes puede controlarse en función de varios atributos:

Atributos del usuario: Función (por ejemplo, médico, enfermera), especialidad, departamento.

Atributos de recurso: Tipo de registro (por ejemplo, salud general, salud mental), nivel de sensibilidad.

Atributos ambientales: Hora del día, lugar de acceso (dentro o fuera de las instalaciones).

Una política podría especificar que los médicos sólo pueden acceder a los historiales de salud mental (atributo de recurso) de sus pacientes durante las horas de trabajo (atributo ambiental) y cuando acceden desde los ordenadores del hospital (atributo ambiental). De este modo se evita el acceso a datos sensibles fuera del horario laboral o desde lugares no seguros.

Ejemplo 2: Control de acceso a servicios financieros

En un sistema bancario, el acceso a los registros financieros y a las capacidades de transacción podría depender de:

Atributos del usuario: Función del empleado, nivel de autorización, departamento.

Atributos de recursos: Tipo de transacción (por ejemplo,

retirada, transferencia), tipo de cuenta (por ejemplo, personal, corporativa), importe de la transacción.

Atributos del entorno: Lugar de la transacción (nacional, internacional), hora de la transacción.

Se podría diseñar una política para permitir que sólo los empleados del departamento de fraude (atributo de usuario) inicien transferencias bancarias internacionales (atributo de recurso) superiores a 10.000 dólares (atributo de recurso) durante el horario laboral (atributo ambiental) y exigir autenticación multifactor si se realiza desde una dirección IP internacional (atributo ambiental).

Ejemplo 3: Acceso a contenidos educativos

En una plataforma de aprendizaje en línea, el acceso a los contenidos educativos podría controlarse en función de:

Atributos del usuario: Nivel de estudios del alumno, matrícula en el curso, edad.

Atributos de los recursos: Nivel de dificultad del contenido, requisitos previos, adecuación a la edad.

Atributos del entorno: Estado de suscripción (activo, inactivo), historial de acceso a contenidos.

Las políticas podrían permitir a los estudiantes acceder sólo a aquellos cursos (atributo de recurso) en los que estén matriculados (atributo de usuario) y hayan cumplido los prerrequisitos (atributos de recurso y de usuario). Además, los estudiantes menores de cierta edad (atributo de usuario) podrían tener restringido el acceso a contenidos marcados para estudiantes mayores (atributo de recurso), independientemente de su nivel de grado.

Ejemplo 4: Acceso a documentos corporativos

En el sistema de gestión de documentos de una empresa, los documentos pueden etiquetarse con niveles de sensibilidad (por ejemplo, público, confidencial, secreto), y los empleados pueden tener atributos basados en su función laboral, asignaciones de proyectos y nivel de autorización.

Atributos del usuario: Función laboral, asignación a un proyecto, nivel de autorización. Atributos de los recursos: Nivel de sensibilidad del documento, asociación al proyecto.

Atributos del entorno: Estado de cumplimiento del dispositivo de acceso, ubicación.

Una política podría permitir a los empleados (atributo de usuario) acceder a documentos (atributo de recurso) relacionados con sus asignaciones de proyecto (atributos de usuario y de recurso) sólo si su dispositivo cumple con las normas de seguridad (atributo ambiental) y están accediendo desde dentro de la red corporativa (atributo ambiental).

ABAC proporciona un marco flexible y completo para el control de acceso en los sistemas IAM, permitiendo decisiones de acceso de grano fino basadas en una amplia gama de atributos. Esta capacidad permite a las organizaciones aplicar políticas de control de acceso complejas que reflejen mejor sus requisitos de seguridad y contextos operativos específicos.

Certificación de accesos

Un aspecto fundamental de la IAM consiste en garantizar que las personas adecuadas tengan acceso a los recursos adecuados en el momento oportuno y por razones válidas. Como gestor de IAM, las campañas de certificación son herramientas cruciales que permiten a las organizaciones evaluar los niveles de acceso asignados actualmente a los usuarios. Pero antes de profundizar en la importancia de las certificaciones, exploremos primero lo que implican.

Las certificaciones son procedimientos adoptados por las organizaciones para validar el acceso concedido a sus usuarios. Estas campañas suelen delegarse en los gestores o propietarios de sistemas, encargados de revisar las asignaciones de acceso de los usuarios para confirmar si siguen siendo pertinentes o deben revocarse. Cuando los gerentes llevan a cabo las certificaciones, nuestro papel como responsables de IAM es educarles sobre los objetivos generales de estas campañas y qué aspectos deben examinar. Por ejemplo, hacemos hincapié en la importancia de verificar a los usuarios que dependen de ellos, ya que pasar por alto este paso podría dar lugar a validaciones de acceso inadvertidas que podrían plantear riesgos de seguridad en el futuro, especialmente en casos de violación de datos o ceses hostiles.

Las certificaciones son muy importantes para los gestores de IAM porque, a pesar de nuestra experiencia, no siempre sabemos de primera mano qué usuarios necesitan derechos de acceso específicos.

Por lo tanto, confiamos en los gestores que están familiarizados con las necesidades operativas de sus equipos para validar las asignaciones de acceso. Una pregunta habitual gira en torno al calendario de las campañas de certificación. Aunque las evaluaciones anuales son estándar, las mejores prácticas del sector abogan por realizarlas trimestralmente para garantizar validaciones de acceso oportunas.

Una vez analizadas las ventajas de las certificaciones, es fundamental abordar los posibles escollos a los que los responsables de IAM deben prestar atención. Uno de ellos es que los gestores certifiquen privilegios de acceso que son demasiado técnicos o carecen de contexto empresarial, lo que provoca confusión y posibles retrasos a la hora de completar las certificaciones. Para mitigar esto, la colaboración con los propietarios de las aplicaciones para simplificar los nombres de los permisos y proporcionar explicaciones claras puede facilitar una mejor comprensión por parte de los gestores.

Otro problema surge cuando los gestores aprueban o deniegan accesos sin comprender sus implicaciones. Para solucionar este problema, los gestores de IAM deben trabajar de forma proactiva con los propietarios de las aplicaciones para traducir los nombres técnicos de los permisos en términos empresariales, ayudando a los gestores a tomar decisiones informadas durante las certificaciones.

Por último, el riesgo de aprobar el acceso de los usuarios plantea un reto importante, sobre todo cuando los gestores están abrumados con otras responsabilidades. Dividir las campañas de certificación en segmentos manejables y distribuirlos trimestralmente puede evitar sobrecargar a los gestores y minimizar la probabilidad de que se apliquen sellos.

En esencia, las campañas de certificación desempeñan un papel fundamental en la gestión de la IAM, ya que nos permiten colaborar con los gestores para garantizar que los usuarios mantienen los niveles de acceso adecuados en consonancia con el principio del mínimo privilegio. Nuestro objetivo es facilitar a los gestores la comprensión de las revisiones de acceso simplificando los permisos y agilizando los procesos de certificación para mantener la seguridad y la eficacia de la organización.

Proceso de certificación

El proceso de certificación en la Gestión de Identidad y Acceso (IAM) es fundamental para asegurar que los derechos y recursos de acceso concedidos a los usuarios son apropiados para sus roles y responsabilidades dentro de una organización. Este proceso ayuda a prevenir el acceso excesivo que podría resultar en brechas de seguridad o fraudes internos.

Conceptos Clave en el Proceso de Certificación en IAM

- Certificación de Accesos: También conocida como revisión de derechos, auditoría de accesos o recertificación. Es un proceso regularmente programado para revisar y validar los derechos de acceso de los usuarios.
- Propietario del Recurso: Persona o departamento responsable de gestionar un recurso específico, como una aplicación, un sistema de archivos, o datos. En el contexto de IAM, son quienes aprueban o rechazan los accesos a los recursos bajo su gestión.
- Usuario Final: El empleado o parte externa que tiene o requiere acceso a recursos corporativos.
- Auditoría de Cumplimiento: Proceso que asegura que todas las actividades de certificación de accesos sigan las políticas internas y regulaciones externas relevantes.

Proceso de Certificación en IAM

El proceso de certificación en IAM puede variar según la organización y la tecnología utilizada, pero generalmente sigue estos pasos fundamentales:

1. Planificación

Definir la Frecuencia de la Certificación: Establecer cuándo se llevarán a cabo las certificaciones (p. ej., trimestral, semestral, anualmente).

Identificar Recursos Críticos: Determinar qué recursos requieren revisión y quiénes son los propietarios de estos recursos.

Establecer Políticas de Certificación: Crear o revisar las políticas que definen cómo debe realizarse la certificación, incluyendo qué herramientas se utilizarán y cómo se tratarán los casos de no conformidad.

2. Ejecución

Notificación a los Involucrados: Informar a los propietarios de recursos y a los usuarios que se iniciará el proceso de certificación.

Acceso a la Información de Derechos: Utilizar herramientas de IAM para recopilar información sobre los derechos actuales de los usuarios en diversos sistemas y aplicaciones.

Revisión por los Propietarios de Recursos: Los propietarios de recursos revisan los accesos asignados y deciden confirmar, modificar o revocar los derechos de acceso basados en la necesidad actual y las políticas corporativas.

3. Validación y Aprobación

Aprobaciones de Certificación: Los propietarios de recursos aprueban los accesos revisados. Esta etapa puede requerir múltiples niveles de aprobación, dependiendo de la sensibilidad del recurso.

Documentación de Cambios: Cualquier cambio en los derechos de acceso debe ser documentado, incluyendo quién aprobó el cambio y por qué.

4. Implementación de Cambios

Ejecutar Cambios: Los cambios aprobados en los derechos de acceso son implementados, usualmente de manera automática por las herramientas de IAM.

Comunicación: Notificar a los usuarios y a los propietarios de recursos sobre los cambios realizados en los accesos.

5. Auditoría y Reporte

Auditoría: Realizar auditorías para asegurar que el proceso de certificación se adhirió a las políticas internas y cumplió con las regulaciones aplicables.

Reporte: Generar reportes detallados sobre el proceso de certificación, resultados, y excepciones para revisión futura y archivo.

Herramientas de Automatización

Dado que el proceso de certificación puede ser complejo y propenso a errores si se hace manualmente, muchas organizaciones utilizan herramientas de software especializadas en IAM para automatizar estos procesos. Estas herramientas pueden:

- Automatizar la recolección y consolidación de datos de accesos.
- Facilitar la revisión y certificación de accesos a través de interfaces intuitivas.
- Proporcionar trazabilidad y registro detallado de acciones para auditorías.
- Enviar alertas y notificaciones para mantener el proceso en tiempo y forma.

Importancia de la Certificación en IAM

La certificación regular de los derechos de acceso asegura que la asignación de acceso se mantenga relevante y segura con respecto a las cambiantes roles y responsabilidades de los usuarios. Esto es crucial para proteger contra el acceso inapropiado que podría llevar a brechas de datos, fraudes, y violaciones de compliance. Además, un proceso de certificación eficaz mejora la gobernanza de acceso y la postura general de seguridad de una organización.

SEPARACIÓN DE FUNCIONES (SoD)

La Segregación de Funciones (SoD) es un principio de control fundamental en las operaciones financieras y de TI, crucial para mitigar el riesgo de fraude, errores y actividades no autorizadas dentro de una organización. En el contexto de la Gestión de

Identidades y Accesos (IAM), la SoD desempeña un papel fundamental a la hora de garantizar que las responsabilidades y privilegios necesarios para ejecutar y autorizar transacciones se dividen entre varios individuos o sistemas. Esta división está diseñada para evitar un único punto de fallo o malversación y es particularmente importante en áreas que manejan datos sensibles, operaciones financieras y configuraciones de sistemas críticos.

Objetivo de SoD en IAM

El objetivo principal de SoD en IAM es reducir el riesgo de amenazas y errores internos garantizando que ningún individuo tenga el control sobre todos los aspectos de cualquier transacción o proceso crítico. Al requerir colaboración para las tareas críticas, la SoD ayuda a prevenir el fraude, las violaciones de datos y los cambios no autorizados en los sistemas o los datos. También desempeña un papel fundamental en el cumplimiento de las normas reguladoras que exigen controles y equilibrios dentro de los procesos del sistema, como Sarbanes-Oxley (SOX), el Reglamento General de Protección de Datos (GDPR) y otros.

Estrategias de implementación

La implementación de SoD en IAM implica varias estrategias clave:

1. **Diseño de roles y control de acceso**: Diseñar cuidadosamente los roles de los usuarios para garantizar que las funciones se dividen adecuadamente. Los derechos de acceso y permisos se asignan en base a estos roles, asegurando que los individuos sólo tengan el acceso necesario para realizar sus funciones de trabajo.

2. **Controles de transacciones críticas**: Identificar las transacciones y procesos que son críticos o sensibles y garantizar que se requieren múltiples pasos o aprobaciones para estas acciones. Esto podría implicar flujos de trabajo de aprobación en los que diferentes personas son responsables de iniciar, aprobar y auditar las transacciones.

3. **Cumplimiento automatizado**: Utilización de sistemas IAM para hacer cumplir las políticas SoD automáticamente. Estos sistemas pueden identificar y prevenir conflictos de intereses restringiendo a

los usuarios la realización de tareas conflictivas o el acceso a determinadas combinaciones de recursos.

4. **Auditorías y revisiones** periódicas: Llevar a cabo revisiones y auditorías periódicas de los derechos de acceso, roles y transacciones para asegurar que las políticas de SoD se están siguiendo y para identificar cualquier violación de las políticas o áreas de riesgo.

Retos y consideraciones

La implementación de SoD en IAM presenta varios retos:

- **Complejidad en la gestión de roles**: A medida que las organizaciones crecen, la gestión de roles y derechos de acceso se vuelve cada vez más compleja. Equilibrar la granularidad de las funciones con la capacidad de gestión y garantizar que los usuarios tengan el acceso que necesitan sin infringir las políticas de SoD requiere una planificación cuidadosa y una gestión continua.

- **Necesidades empresariales dinámicas**: Las organizaciones deben adaptarse a las necesidades cambiantes del negocio, lo que puede implicar cambios en las funciones, responsabilidades y necesidades de acceso. Mantener las políticas de SoD en estas condiciones requiere flexibilidad y un enfoque dinámico de IAM.

- **Equilibrio entre seguridad y eficiencia**: Las políticas de SoD excesivamente estrictas pueden obstaculizar las operaciones empresariales creando cuellos de botella e ineficiencias. Es fundamental encontrar el equilibrio adecuado entre seguridad y eficiencia operativa.

- **Requisitos de conformidad**: Diferentes industrias y regiones pueden tener diferentes regulaciones que rigen SoD. Garantizar el cumplimiento de todas las leyes y normas pertinentes puede ser complejo, especialmente para las organizaciones globales.

Buenas prácticas

Para implementar eficazmente SoD en IAM, las organizaciones deben seguir estas mejores prácticas:

- **Utilizar herramientas IAM**: Aproveche las herramientas de IAM que admiten el control de acceso basado en roles (RBAC) y la aplicación de políticas para automatizar los controles de SoD.

- **Supervisión y mejora continuas**: Supervisar regularmente las violaciones de SoD y ajustar las políticas según sea necesario para responder a nuevos riesgos o cambios en el negocio.

- **Educar y formar**: Asegúrese de que todas las partes interesadas comprendan la importancia de la DdS y reciban formación sobre las políticas y procedimientos de la organización.

- **Colaborar con los auditores**: Trabajar en estrecha colaboración con los auditores internos y externos para garantizar que los controles de SoD cumplen los requisitos de cumplimiento y mitigan eficazmente los riesgos.

En conclusión, la Segregación de Funciones es un componente crítico de una estrategia IAM eficaz, que ayuda a protegerse contra las amenazas internas, mejorar el cumplimiento y proteger la integridad de los procesos y datos de la organización.

Supervisión (Accountability)

Los sistemas de control de acceso son cruciales para mantener la responsabilidad dentro de una organización. La rendición de cuentas garantiza que cada acción realizada en un sistema se atribuya definitivamente a un individuo específico, eliminando cualquier incertidumbre sobre quién es responsable de una actividad determinada. Esta claridad permite a los administradores identificar a los autores de las acciones, y los individuos no pueden refutar su implicación.

Para mantener la responsabilidad, deben existir dos elementos esenciales, ambos críticos para cualquier marco eficaz de control de acceso:

1. **Identificación**: Cada usuario del sistema debe tener un identificador único, como un nombre de usuario, que lo distinga de los demás. El uso de cuentas compartidas, departamentales o genéricas socava este principio porque oculta las acciones individuales bajo una identidad colectiva. Esta ambigüedad permite la potencial negación de responsabilidad, ya que las acciones no pueden ser atribuidas a un único usuario.

2. **Autenticación**: Es imperativo que cada cuenta esté protegida con medidas de autenticación sólidas para bloquear los intentos de acceso no autorizados. Una autenticación deficiente, en particular las que se

basan en métodos de un solo factor como las contraseñas simples, puede dar lugar a reclamaciones de compromiso de la cuenta, proporcionando a los individuos una negación plausible de las actividades no autorizadas atribuidas a su cuenta.

Para lograr la rendición de cuentas, además de protocolos estrictos de identificación y autenticación, es fundamental el seguimiento meticuloso de las actividades de los usuarios a través de mecanismos de auditoría. Estos sistemas registran las acciones significativas, proporcionando una relación detallada de las interacciones del usuario con el sistema.

Una práctica esencial en el registro es garantizar que los registros se almacenan en un lugar seguro, fuera del alcance de posibles manipulaciones por parte de los usuarios. Lo ideal es que los registros de actividad de los servidores se dirijan a un servidor externo de alta seguridad. Esta precaución evita la posibilidad de que los individuos borren las pruebas de sus acciones, especialmente en casos de uso indebido o delito. En consecuencia, muchas organizaciones optan por un servidor de registro centralizado que agrega los registros de toda la red en una base de datos segura, inaccesible para alteraciones o eliminaciones, incluso por parte de los administradores.

En conclusión, la supervisión efectiva en el control de acceso se sustenta en prácticas sólidas de identificación, autenticación y auditoría. Estos mecanismos funcionan conjuntamente para rastrear las acciones hasta los usuarios individuales de forma inequívoca, garantizando que los individuos puedan ser considerados responsables de sus actividades dentro del sistema. El despliegue de un registro centralizado sirve como columna vertebral de esta responsabilidad, protegiendo contra la manipulación de registros probatorios. En el contexto de las operaciones de seguridad se analizarán más a fondo las prácticas de registro y supervisión.

Gestión de sesiones

Las estrategias de gestión de sesiones tienen como objetivo preservar la seguridad de las sesiones de usuario mediante la implementación de tiempos de espera y salvapantallas, finalizando de forma efectiva las sesiones de los usuarios que se vuelven inactivos. Este enfoque es crucial para mantener la responsabilidad y evitar el acceso no autorizado a una sesión activa y autenticada por parte de otra persona.

Los tiempos de espera son una medida de seguridad sencilla pero potente y pueden aplicarse de varias maneras:

1. Los tiempos de espera **de duración fija** terminan forzosamente la sesión de un usuario después de un periodo determinado. Aunque es fácil de implementar, este método puede provocar frustración entre los usuarios si interrumpe innecesariamente su flujo de trabajo. Un ejemplo de esto se puede ver en escenarios donde las organizaciones imponen una estricta política de tiempo de espera en las conexiones VPN, causando molestias a los empleados remotos que dependen de un acceso continuo a lo largo de su jornada laboral.

2. **Los tiempos de espera basados en la inactividad** registran cuándo un usuario ha dejado de interactuar con el sistema e inician una cuenta atrás, a menudo de unos 10 minutos. Si el usuario no reanuda la actividad dentro de este plazo, su sesión se interrumpe automáticamente. Este método pretende equilibrar la seguridad con la comodidad del usuario, al centrarse sólo en las sesiones realmente inactivas.

3. Los **tiempos de espera suaves** ofrecen una alternativa menos intrusiva, ya que exigen a los usuarios que vuelvan a autenticarse para realizar determinadas acciones sensibles en lugar de finalizar la sesión directamente. Este enfoque de fácil uso minimiza las interrupciones al permitir que los usuarios permanezcan en la sesión, al tiempo que garantiza una capa adicional de seguridad para las operaciones críticas.

4. Los salvapantallas actúan como un práctico mecanismo de tiempo de espera en las estaciones de trabajo, proporcionando un equilibrio entre seguridad y usabilidad. En lugar de finalizar una sesión por inactividad, lo que podría interrumpir las tareas en curso, los salvapantallas bloquean la pantalla tras un cierto periodo de inactividad. A continuación, se pide a los

usuarios que se autentiquen para reanudar la sesión, lo que garantiza que sólo las personas autorizadas recuperen el acceso sin desconectarse completamente del sistema.

Estas prácticas de gestión de sesiones son esenciales para salvaguardar las sesiones de los usuarios de accesos no autorizados, mejorando la postura general de seguridad de una organización al tiempo que se esfuerza por adaptarse eficazmente a las necesidades de los usuarios.

FEDERACIÓN

La federación representa una red de dominios o proveedores de servicios que acuerdan la confianza mutua, adhiriéndose a procedimientos estandarizados para gestionar uniformemente la autenticación. Este acuerdo mejora la eficacia y la seguridad de la gestión de identidades, al tiempo que agiliza la experiencia del usuario. Esencialmente, la federación aprovecha la relación con una entidad a través de múltiples plataformas, empleando un proveedor de identidad para autenticar su identidad contra una lista verificada y compartirla con varios proveedores de servicios, facilitando el acceso sin fisuras a sus ofertas. Como ya hemos mencionado en nuestro debate anterior sobre el inicio de sesión único (SSO), éste es un componente clave del marco más amplio de la federación, ya que ofrece una gran comodidad al usuario.

La federación implica el reenvío de tokens de autenticación como parte del SSO, lo que hace necesario un debate sobre los protocolos que permiten esta comunicación unificada. Los tres protocolos principales de la federación son SAML (Security Assertion Markup Language), OAuth 2.0 y OIDC (OpenID Connect), cada uno de ellos con fines específicos.

SAML, como se ha explicado en capítulos previos, es un protocolo que permite el intercambio seguro de información de autenticación entre un proveedor de identidades y un proveedor de servicios, normalmente en entornos web, utilizando XML. Este protocolo garantiza que ambas partes interpretan los datos de autenticación de forma coherente. Por ejemplo, si un proveedor de identidades envía datos de autenticación formateados como "Doe, John" pero el proveedor de servicios espera "John Doe" sin coma, la discrepancia podría impedir el acceso.

OAuth 2.0 facilita las solicitudes de aplicaciones para la autenticación de usuarios desde otro servicio, permitiendo la verificación de la identidad sin exponer los detalles de la contraseña. Utilizado principalmente en aplicaciones móviles y empleando JSON, OAuth 2.0 concede un token de autorización de una aplicación a otra en su nombre. Por ejemplo, si un usuario quiere utilizar sus credenciales de Facebook para iniciar sesión en Airbnb, Airbnb solicita autorización a Facebook, que a su vez emite un token de acceso sin compartir los datos de acceso directos.

OIDC se basa en la emisión de tokens de OAuth, añadiendo la capacidad de transmitir información del usuario. A diferencia de OAuth, que sólo proporciona un token de autorización, OIDC permite compartir información identificable de la cuenta entre aplicaciones. Utilizando el mismo ejemplo, Airbnb no sólo podría validar la identidad del usuario a través de Facebook mediante OIDC, sino también recuperar su información de perfil y correo electrónico.

En resumen, la federación simplifica la experiencia del usuario al permitir la verificación de identidad compartida a través de un consorcio de confianza de proveedores de servicios, siendo el SSO un método de federación prevalente. La federación se basa en protocolos estandarizados -SAML, OAuth 2.0 y OIDC- para garantizar una comunicación coherente entre los servicios. Comprender la funcionalidad de cada protocolo y su relevancia para su organización es crucial para mejorar la experiencia del usuario.

La federación y el inicio de sesión único (SSO) pretenden aliviar las complejidades asociadas a la gestión de múltiples identidades digitales en varios sistemas. La gestión de identidades federadas reconoce que un individuo puede tener cuentas en numerosos sistemas y, mediante acuerdos entre organizaciones, permite compartir la información de identidad. Este proceso simplifica la experiencia del usuario al reducir la necesidad de mantener identidades separadas para cada sistema, aligerando así la carga tanto para el usuario como para la organización. Entre los ejemplos de gestión de identidad federada se incluye el uso de una cuenta de

Google, Facebook o Twitter para acceder a diferentes sitios web, lo que ilustra cómo la información de identidad puede compartirse sin problemas.

SSO lleva este concepto más allá al permitir que las sesiones autenticadas se compartan entre varios sistemas. Dentro de las organizaciones, las soluciones SSO permiten a los usuarios autenticarse una vez y mantener su sesión en varios sistemas sin necesidad de volver a iniciar sesión, siempre que la sesión siga siendo válida. Por ejemplo, si una organización fija la caducidad de la sesión en un día laborable completo, los usuarios sólo tendrían que autenticarse una vez al día, y su SSO persistiría durante todo el tiempo.

La necesidad de una gestión de identidades federada es especialmente acuciante en el sector de la enseñanza superior, en el que profesores y estudiantes se desplazan con frecuencia de una institución a otra. Para resolver este problema, un consorcio de facultades y universidades desarrolló Shibboleth, un sistema SSO de código abierto diseñado para entornos federados, que facilita el acceso sin fisuras a través de las fronteras institucionales.

Las relaciones de confianza, cruciales para los sistemas de identidad federada y SSO, se definen por su direccionalidad y transitividad. La confianza puede ser unidireccional o bidireccional. En una confianza unidireccional, un dominio confía en otro, pero la confianza no es recíproca. En cambio, una confianza bidireccional significa que dos dominios reconocen mutuamente sus sesiones autenticadas. Además, las confianzas pueden ser transitivas o no transitivas. Las transitivas permiten que las relaciones de confianza se extiendan a través de múltiples dominios conectados indirectamente, mientras que las no transitivas requieren el establecimiento explícito de confianza entre cada par de dominios, sin inferencia automática de confianza más allá de las partes directamente implicadas.

MENOR PRIVILEGIO (LEAST PRIVILEGE)

El principio del menor privilegio es un concepto fundamental en el control de acceso, que hace hincapié en que los usuarios sólo deben poseer el nivel mínimo de acceso necesario para realizar sus tareas. Consideremos el ejemplo de John, contable de Acme. John necesita acceder a transacciones bancarias como créditos y débitos, pero no tiene por qué acceder a los registros de RR.HH. de los empleados del banco, ya que queda fuera del ámbito de su trabajo. Este principio de menor privilegio se aplica universalmente, no sólo a las personas, sino también a los dispositivos, sistemas y cuentas, garantizando que cada entidad tenga sólo el acceso que absolutamente necesita para sus funciones.

Adoptar el principio del menor privilegio ofrece varias ventajas a una organización. En primer lugar, reduce la superficie de ataque, limitando las oportunidades de explotación de los actores maliciosos. Con los usuarios restringidos a acceder sólo a lo que necesitan, se reducen los posibles puntos de entrada para los atacantes. En segundo lugar, en caso de violación de la seguridad, el principio ayuda a contener los daños al restringir la parte del sistema que el atacante puede poner en peligro. Por último, la auditoría y supervisión del acceso se hace más manejable cuando se minimizan los privilegios de cada usuario, lo que simplifica el proceso de supervisión.

Un ejemplo que subraya la importancia de este principio es la filtración de datos de Capital One en 2019, que puso en peligro los datos de más de 100 millones de consumidores. En este caso, un sistema -específicamente, un cortafuegos- tenía más acceso al entorno de la nube de lo necesario, lo que fue aprovechado por los atacantes.

La aplicación del privilegio mínimo puede comenzar con el establecimiento de una línea de base de privilegios esenciales para todos los usuarios, a menudo denominado "acceso por derecho de nacimiento". Para los usuarios humanos, esto podría incluir acceso básico a la red y capacidades de correo electrónico. Para las entidades del sistema, el acceso podría estar restringido a segmentos específicos de la red. Al definir y hacer cumplir un nivel mínimo de autorización para varios usuarios, las organizaciones pueden fortalecer sus defensas con medidas eficaces de control de acceso.

PROVISIONAMIENTO

Conceder a los usuarios el acceso necesario para realizar sus tareas es un proceso fundamental conocido como aprovisionamiento. Este proceso abarca el establecimiento, la modificación y la revocación de los derechos de acceso de los usuarios a los distintos sistemas, aplicaciones y datos de una organización. El aprovisionamiento suele iniciarse durante el proceso de incorporación; en el caso de los usuarios individuales, coincide con su contratación, y en el de las entidades del sistema, cuando se despliegan o pasan a un estado operativo. Otros casos en los que es necesario el aprovisionamiento son los ascensos o traslados de usuarios y, lo que es más importante, la eliminación del acceso cuando un usuario abandona la organización.

El seguimiento manual de los derechos de acceso de numerosos usuarios a través de múltiples recursos puede convertirse rápidamente en algo poco práctico, especialmente en entornos más grandes con extensas redes de recursos. Una estrategia óptima para gestionar esta complejidad implica el uso de sistemas de aprovisionamiento automatizados, en particular aquellos que asignan el acceso en función de roles de usuario predefinidos. Este concepto se remonta a los principios del control de acceso, donde los sistemas de control de acceso basados en funciones (RBAC) permiten delimitar los permisos de acceso en función de las funciones específicas que los usuarios desempeñan dentro de una organización.

Para ilustrarlo, consideremos el caso hipotético de John, un contable de Acme. En lugar de configurar manualmente el acceso de John en cada sistema necesario, un sistema de aprovisionamiento automatizado puede reconocer la función de John y, en consecuencia, concederle acceso a los recursos bancarios y de preparación de impuestos necesarios. Esto no sólo agiliza la configuración inicial, sino que también simplifica el proceso de revocación del acceso cuando el empleo de John finaliza, con una única instrucción de la herramienta de gestión de acceso que elimina eficazmente sus permisos en todos los sistemas.

Por lo tanto, establecer una estrategia integral de aprovisionamiento es crucial para garantizar que los usuarios tengan un acceso adecuado a las herramientas y la información que necesitan. Aunque los métodos manuales son posibles, el aprovechamiento de la tecnología para la gestión del acceso mejora significativamente la eficiencia mediante la automatización del proceso de aprovisionamiento a través de los diversos sistemas de una organización.

Los administradores de cuentas desempeñan un papel crucial en la gestión del ciclo de vida de las cuentas de usuario dentro de una organización, que abarca tanto la creación de nuevas cuentas como la cancelación de las existentes. Este proceso implica etapas clave:

Para la **incorporación de nuevos usuarios**, los administradores asumen la responsabilidad de establecer las cuentas de usuario, lo que incluye generar credenciales de inicio de sesión seguras y asignar derechos de acceso adaptados a la función del individuo. Esto garantiza que el usuario tenga los permisos necesarios para cumplir con sus responsabilidades laborales desde el primer día.

A la inversa, para **dar de baja a los usuarios** es necesario desactivar las cuentas a tiempo para revocar el acceso a los recursos de la organización y a la información confidencial. Una acción rápida en este sentido es primordial, sobre todo en los casos en que la salida de un individuo puede no ser en términos amistosos, para mitigar los posibles riesgos de seguridad.

Las organizaciones deben esforzarse por adoptar un enfoque racionalizado, preferiblemente automatizado, para gestionar estas transiciones. El procedimiento estándar para una salida prevista implica iniciar el proceso de desprovisión tras la notificación de RRHH o de la dirección sobre la salida inminente del empleado, configurando la cuenta para que expire en su último día.

En **situaciones de despido de emergencia**, como los despidos inmediatos, los departamentos de TI y RR.HH. deben colaborar estrechamente para garantizar que el acceso del usuario se revoque en el momento exacto del despido para evitar cualquier acción no autorizada o de represalia.

La implantación de estas prácticas en sistemas como Windows implica el uso de herramientas como Usuarios y equipos de Active Directory. Los administradores pueden desactivar la cuenta de un usuario como medida preliminar, que es reversible, permitiendo una suspensión temporal del acceso. Este paso es prudente incluso en casos de baja definitiva como medida de precaución. En última instancia, la cuenta puede eliminarse o configurarse para que expire en una fecha futura específica, asegurando el sistema frente a entradas no autorizadas.

Además, es esencial gestionar con atención las transiciones dentro de la organización. A medida que los empleados cambian de función, sus derechos de acceso deben actualizarse para reflejar su nuevo cargo, al tiempo que se revocan los permisos innecesarios de su función anterior. Descuidar esto puede conducir a la "acumulación de privilegios", donde los usuarios acumulan derechos de acceso excesivos con el tiempo, contradiciendo el principio del menor privilegio y exponiendo a la organización a mayores vulnerabilidades de seguridad.

CICLO DE VIDA DEL USUARIO

Gestionar el acceso de un usuario a lo largo de su asociación con su organización es crucial para garantizar que tenga un acceso adecuado a los recursos necesarios. Reconocer que el papel de un usuario puede evolucionar es clave para controlar eficazmente sus derechos de acceso. Ilustremos este concepto con un escenario que involucra a nuestro colega hipotético, John.

Al principio, John se incorpora a su empresa, un acontecimiento afortunado para su equipo. A su llegada, es esencial concederle tanto el acceso por defecto (derecho de nacimiento o birthright) como cualquier acceso específico relacionado con su función como contable en su empresa. Con el paso del tiempo, John destaca en su puesto y consigue un ascenso a director de supervisión. Este ascenso requiere la actualización de sus permisos para incluir el acceso a información adicional de RR.HH., lo que le permite realizar evaluaciones de rendimiento y revisar los años de servicio de sus subordinados directos.

Más tarde, John descubre su talento para el desarrollo de talentos y opta por trasladarse al equipo de Aprendizaje y Desarrollo del departamento de RR.HH. como gestor. Esta transición requiere la revocación de su supervisión y de su acceso anterior a RR.HH., al tiempo que se le conceden derechos administrativos a la plataforma de Aprendizaje y Desarrollo y acceso a los datos de RR.HH. de los miembros de su nuevo equipo.

Finalmente, John decide buscar una oportunidad en otro lugar para dirigir una nueva iniciativa de aprendizaje y desarrollo. Tras su marcha, es necesario revocar todos sus privilegios de acceso a la red de la empresa, al correo electrónico y a todos los sistemas y aplicaciones relacionados con su función más reciente. Sin embargo, todavía puede haber casos en los que John necesite acceso después de su partida, como para recuperar documentos fiscales o información sobre pensiones, dado su empleo anterior en su organización.

Este escenario subraya la importancia de planificar las distintas etapas del ciclo de vida de la identidad dentro de la empresa.

Al anticipar las diferentes transiciones y los ajustes de permisos necesarios, puede garantizar que el acceso de los usuarios se mantenga alineado con su función y responsabilidades actuales, manteniendo la seguridad y los controles de acceso adecuados.

La gestión del ciclo de vida (LCM) tiene una importancia significativa dentro de la gestión de acceso a identidades, ya que garantiza transiciones fluidas para los usuarios a lo largo de su trayectoria laboral, desde la incorporación hasta la salida. Profundicemos en los tres componentes básicos de la LCM, empezando por el proceso de incorporación.

El proceso de incorporación es fundamental, ya que su objetivo es aliviar el estrés de los nuevos empleados proporcionándoles acceso inmediato a las aplicaciones esenciales al incorporarse a la empresa. Al considerar el proceso de incorporación, el paso inicial consiste en crear una nueva cuenta de usuario en nuestro sistema. Por ejemplo, tomemos el ejemplo de un nuevo empleado llamado John Smith. Dado lo común de este nombre, la implementación de una lógica para generar una cuenta de usuario única, quizás añadiendo un identificador numérico, es crucial para evitar anulaciones de cuenta o concesiones de acceso involuntarias a la persona equivocada.

A continuación, la atención se centra en la concesión del acceso adecuado, que depende de la comprensión del modelo de autorización de nuestra empresa. Como gestores de IAM, debemos discernir si el acceso se concede en función del puesto de trabajo o de una combinación de atributos, garantizando así una experiencia de incorporación fluida para nuestros nuevos empleados.

A continuación, consideremos la transición de los empleados, comúnmente conocida como traslados o transferencias. A diferencia del proceso de incorporación, no es necesario crear una nueva cuenta de usuario. En su lugar, la principal preocupación radica en determinar los requisitos de acceso asociados a la nueva función laboral y, al mismo tiempo, revocar cualquier privilegio de acceso obsoleto. La colaboración con el equipo de recursos humanos es imprescindible para identificar los desencadenantes del proceso de traslado, que pueden basarse en los títulos de los puestos, los departamentos o una combinación de los mismos.

Las habilidades de negociación son inestimables en este caso, ya que podría ser necesario modificar los sistemas de recursos humanos para facilitar una transición fluida en la definición de los requisitos de acceso para la nueva función.

Por último, abordamos el proceso de despido, conocido como "leavers". Esta fase es primordial para garantizar la desactivación oportuna de las cuentas de usuario de los empleados que se marchan. Por ejemplo, si está previsto que un empleado se marche un viernes a las 17:00, nuestro proceso de cese, a menudo iniciado por el sistema de RR.HH., debe desactivar rápidamente todas las cuentas de usuario para evitar el acceso no autorizado a datos confidenciales después de la contratación. Las situaciones de despido inmediato plantean retos adicionales, ya que requieren una acción rápida para cortar el acceso y mitigar los posibles riesgos de seguridad. Desactivar las cuentas de usuario con prontitud es imperativo, sobre todo a la luz de los incidentes de violación de datos a menudo instigados por ex empleados descontentos con acceso persistente a las redes de la empresa.

En conclusión, cada faceta del proceso LCM desempeña un papel fundamental en la gestión del acceso de los usuarios a lo largo del ciclo de vida laboral. El proceso de incorporación garantiza un comienzo sin problemas para las nuevas contrataciones, el proceso de traslado facilita las transiciones fluidas entre funciones y el proceso de cese mitiga los riesgos de seguridad asociados a las salidas de los empleados. Como gestor de IAM, es esencial dar prioridad a los tres componentes del proceso de LCM para mantener la seguridad de los datos y la integridad de la organización de forma eficaz.

ON BOARDING Y OFF-BOARDING

On-boarding en IAM se refiere al proceso de creación de nuevas cuentas de usuario y la concesión de derechos de acceso adecuados cuando los individuos se unen a una organización. Este proceso se desencadena normalmente por eventos como nuevas contrataciones, contratistas que empiezan a trabajar o empleados existentes que asumen nuevas funciones. El proceso de incorporación implica:

- **Crear cuentas de usuario**: Configurar cuentas en el sistema IAM y en cualquier sistema o aplicación relacionada.
- **Asignar derechos de acceso**: Conceder permisos en función de la función del individuo, siguiendo el principio del mínimo privilegio (no proporcionar más acceso del necesario para realizar su trabajo).
- **Integración con los sistemas de RRHH**: A menudo, el proceso de incorporación está automatizado e integrado con los sistemas de RR.HH. para iniciar la creación de cuentas y la provisión de acceso tan pronto como se procesa una nueva contratación.

La baja en IAM es el proceso de revocación de derechos de acceso y desactivación o eliminación de cuentas de usuario cuando una persona abandona la organización o cambia de función de forma que disminuyen sus requisitos de acceso. El off-boarding es crucial para mantener la seguridad y el cumplimiento, e implica:

- **Revocación del acceso**: Eliminar o ajustar los derechos de acceso del individuo a los recursos, aplicaciones y datos de TI.
- **Desactivación o eliminación de cuentas**: Dependiendo de la política de la organización, la cuenta del usuario puede ser desactivada temporalmente (en caso de recontratación) o eliminada permanentemente.

- **Garantizar la exhaustividad**: El proceso de baja debe ser exhaustivo y abarcar todos los sistemas y aplicaciones a los que la persona ha tenido acceso, evitando cualquier acceso no autorizado después de la salida.

Tanto la incorporación como la baja son componentes integrales de la gestión del ciclo de vida de la identidad dentro de IAM, que garantizan que el acceso a los recursos se concede de forma adecuada y se revoca cuando ya no es necesario. Estos procesos ayudan a minimizar los riesgos de seguridad y garantizan que los recursos informáticos de la organización se utilicen de forma eficaz y de conformidad con las políticas y normativas.

JOINER, MOVER, LEAVER

El proceso de Joiner-Mover-Leaver (JML) en la Gestión de Identidades y Acceso (IAM) describe el ciclo de vida completo de la identidad de un usuario dentro de una organización. Este proceso es fundamental para asegurar que los derechos de acceso de los empleados se gestionen de manera adecuada a lo largo de toda su relación laboral con la organización. Cada fase del JML —joiner (nuevo ingreso), mover (cambios internos), y leaver (salida)— implica acciones específicas en el sistema de IAM para garantizar la seguridad y el cumplimiento normativo.

Fase 1: Joiner (Nuevo Ingreso)

Esta fase se ocupa de los usuarios que se unen a la organización. El objetivo es garantizar que los nuevos empleados tengan acceso a los recursos necesarios desde el primer día, promoviendo una integración eficiente y productiva.

Creación de la Identidad:

Recopilación de Datos: Recibir datos del nuevo empleado (p.ej., nombre, departamento, rol) desde HR o directamente a través de un formulario de onboarding.

Registro en IAM: Utilizar estos datos para crear una nueva cuenta de usuario en el sistema de IAM.

Asignación de Accesos:

Definición de Roles: Asignar roles y accesos predeterminados basados en el puesto y departamento del nuevo empleado.

Provisionamiento Automático: Aplicar los roles y accesos al perfil del usuario, posiblemente utilizando software de IAM para automatizar este proceso.

Validación:

Revisión de Accesos: Confirmar que los accesos asignados son correctos y necesarios para las funciones del empleado.

Comprobación de Conformidad: Asegurar que los accesos cumplen con las políticas de seguridad y regulaciones aplicables.

Fase 2: Mover (Cambios Internos)

Esta fase aborda los cambios en el estatus o posición de un empleado dentro de la organización, como promociones, transferencias o cambios de departamento.

Identificación de Cambios:

Notificación de HR: Recibir información sobre cualquier cambio en el rol, departamento, o ubicación del empleado.

Evaluación de Impacto: Determinar cómo estos cambios afectan los accesos necesarios.

Reasignación de Accesos:

Modificación de Roles: Ajustar los roles y permisos del usuario para alinearlos con sus nuevas responsabilidades.

Automatización de Re-provisionamiento: Utilizar herramientas de IAM para actualizar automáticamente los accesos del usuario.

Auditoría y Validación:

Revisión de Seguridad: Comprobar que los nuevos accesos son adecuados y remover accesos antiguos que ya no sean pertinentes.

Confirmación de Cumplimiento: Verificar la conformidad con políticas internas y regulaciones externas.

Fase 3: Leaver (Salida)

Esta fase gestiona la terminación del acceso cuando un empleado deja la organización. Es crucial para evitar el acceso innecesario y proteger los recursos de la empresa.

Notificación de Salida:

Información de HR: Recibir detalles sobre la terminación del empleo, incluyendo la fecha efectiva.

Planificación del Cierre de Sesión: Programar la desactivación de la cuenta para coincidir con la salida del empleado.

Revocación de Accesos:

Desactivación de Cuenta: Desactivar o eliminar la cuenta del usuario en la fecha especificada.

Retiro de Privilegios: Eliminar todos los privilegios de acceso asociados con el usuario.

Revisión Post-Salida:

Auditoría de Acceso: Realizar una auditoría para confirmar que todos los accesos han sido correctamente revocados.

Registro de Actividades: Documentar el proceso y cualquier incidencia para referencias futuras y auditorías de cumplimiento.

Herramientas y Automatización en JML

La automatización juega un papel crítico en el proceso JML, especialmente en organizaciones grandes:

Software de IAM: Utilizado para gestionar automáticamente la creación, modificación y eliminación de accesos basados en eventos de HR.

Flujos de Trabajo de Provisionamiento: Configurados para cambiar accesos basados en roles predefinidos y políticas de seguridad.

Sistemas de Tickets: Para manejar las solicitudes de cambio de acceso y garantizar que se realicen de acuerdo con las políticas aprobadas.

El proceso de Joiner-Mover-Leaver es esencial en IAM para gestionar el ciclo de vida de las identidades de los usuarios de manera segura y eficiente. Implementar un proceso JML robusto y automatizado ayuda a las organizaciones a mantener la seguridad operativa, cumplir con las regulaciones de cumplimiento y minimizar los riesgos asociados con el acceso inadecuado a los recursos críticos.

ZERO TRUST

El marco de seguridad conocido como confianza cero funciona según el principio de "nunca confíes, siempre verifica". Este enfoque exige que la confianza no se extienda automáticamente a las entidades, ya procedan de fuera o de dentro de la red, haciendo necesaria la verificación para cualquiera que intente acceder a recursos o activos. Este marco subraya la necesidad de estrictos controles de acceso, en estrecha consonancia con el principio de mínimo privilegio, que tal vez recuerde de discusiones anteriores.

La implantación de la confianza cero comienza con la

verificación de la identidad de cada usuario, empleando mecanismos como el inicio de sesión único para agilizar la autenticación de los usuarios. Además, requiere el establecimiento de políticas explícitas que rijan las interacciones y el intercambio de datos entre aplicaciones. Este principio también se extiende a dispositivos de red como servidores y routers, abogando por un acceso restringido entre sistemas internos para evitar la exposición no autorizada de datos. Por ejemplo, sería inapropiado que una aplicación de ventas accediera a registros confidenciales de RRHH, lo que ilustra la necesidad de políticas de acceso claramente definidas.

Implantar la confianza cero es más complejo de lo que parece, con posibles implicaciones para la productividad de los usuarios. Unas restricciones excesivas pueden impedir que los empleados accedan a las herramientas necesarias y colaboren eficazmente, lo que pone de relieve la importancia de equilibrar la seguridad con las necesidades operativas.

Para iniciar la confianza cero, considere la posibilidad de centrarse en un activo o grupo de usuarios singular y crítico, garantizando que el acceso se limita estrictamente a los usuarios y sistemas esenciales. Este enfoque específico puede servir como prueba piloto, permitiendo la evaluación y el ajuste de los principios de confianza cero a necesidades organizativas más amplias.

La adopción de principios de confianza cero puede mejorar significativamente la postura de seguridad si se ejecuta cuidadosamente. Es vital comprender a fondo la interacción entre usuarios, aplicaciones e infraestructura de red para diseñar controles de acceso eficaces, teniendo siempre presente el impacto potencial en la eficiencia de la plantilla. Proceder con una planificación cuidadosa y tener en cuenta estos factores es clave para el éxito de la implantación.

Minado de roles

La minería de roles ofrece a los analistas de gestión de identidades y accesos la oportunidad de evaluar las discrepancias entre el acceso que tienen actualmente los usuarios y los recursos que utilizan realmente dentro de una organización, con el objetivo de perfeccionar los permisos de los usuarios. Básicamente, se trata de utilizar datos sobre la actividad de los usuarios y el uso de los recursos para definir mejor sus perfiles de acceso. El proceso implica analizar las interacciones entre los usuarios y los recursos para ajustar o establecer los permisos de usuario con mayor precisión. El objetivo de la minería de funciones es agilizar este análisis automatizándolo, en lugar de realizar auditorías manuales, lo que aumenta la eficacia y la precisión.

La minería de funciones se basa en dos estrategias principales: auditar el acceso basándose en funciones predefinidas y ajustar el acceso en función del uso real de los recursos. Para las organizaciones que aplican el control de acceso basado en funciones, auditar el acceso según las especificaciones de las funciones es una tarea relativamente sencilla para el sistema de gestión de identidades y accesos, siempre que exista una asignación clara de los requisitos de acceso por función. Es aconsejable realizar estas auditorías periódicamente, tal vez cada trimestre, para confirmar que los derechos de acceso de los usuarios siguen estando en consonancia con sus funciones y responsabilidades actuales.

Tras la auditoría, el siguiente paso consiste en adaptar las funciones de los usuarios a los permisos que realmente necesitan, en función de sus patrones de uso de los recursos. Esto podría significar la concesión de permisos adicionales para los recursos de uso frecuente y la revocación del acceso a los de uso poco frecuente. Un resultado significativo de esta actividad es la capacidad de ajustar los derechos de acceso por defecto (acceso por derecho de nacimiento) para varios roles dentro de la organización, garantizando que los usuarios reciben exactamente el acceso que necesitan al incorporarse, y evitando el exceso de permisos.

Tomando el ejemplo de John, una revisión de sus derechos de acceso, incluyendo dos recursos bancarios y una aplicación de impuestos, podría revelar el uso regular de un recurso bancario y la aplicación de impuestos, pero ninguna actividad en el segundo recurso bancario durante un período prolongado. El proceso de minería de roles sugeriría entonces revocar el acceso al recurso bancario no utilizado y posiblemente reevaluar los derechos de acceso asociados con el rol de contable.

Al llevar a cabo un análisis exhaustivo de cómo interactúan los usuarios con los recursos de la organización, la minería de roles puede mitigar sustancialmente los riesgos de seguridad. Garantiza que los usuarios dispongan del acceso necesario para sus funciones, y los permisos superfluos se identifican sistemáticamente y se ajustan o revocan según sea necesario.

ACCESOS JUST IN TIME Y ACCESO CONDICIONAL

El acceso constante a los recursos aumenta el riesgo de explotación no autorizada. Sin embargo, la aplicación de estrategias como el acceso condicional y el acceso justo a tiempo (JIT) puede reducir significativamente esta vulnerabilidad. Examinemos estos enfoques en detalle.

El acceso condicional implica la aplicación de normas y criterios específicos que deben cumplirse antes de conceder el acceso a los recursos y servicios. Los usuarios deben cumplir todas las condiciones establecidas para acceder a los recursos deseados. Este enfoque se utiliza ampliamente en sistemas como Microsoft Active Directory,

Azure y la plataforma Intune para la gestión de dispositivos móviles. El acceso condicional puede permitir o denegar el acceso, aplicar la autenticación multifactor, exigir el cumplimiento del dispositivo o limitar las sesiones de usuario, e incluso puede restringir el acceso en función de la ubicación geográfica. Por ejemplo, puede denegarse el acceso a menos que el dispositivo del usuario esté actualizado con los últimos parches de seguridad. O puede exigirse a los usuarios administrativos que se autentiquen mediante autenticación multifactor, a diferencia de los usuarios normales, que pueden necesitar un único factor de autenticación. Además, el acceso condicional puede limitar temporalmente el acceso de un usuario, impidiendo la conectividad a Internet hasta que se verifique la presencia de malware en un dispositivo en caso de actividad de inicio de sesión sospechosa.

Por otro lado, el acceso justo a tiempo concede derechos de acceso por una duración limitada, adaptados a las necesidades específicas de una tarea o función. Por ejemplo, a un administrador del sistema se le pueden conceder privilegios elevados durante un par de horas para completar una tarea concreta. Implantar manualmente el acceso JIT puede resultar complicado, por lo que la mayoría de las organizaciones optan por sistemas automatizados para gestionar eficazmente la duración de los accesos. Una característica común de estos sistemas es la posibilidad de que los usuarios soliciten acceso temporal a los recursos más allá de sus necesidades operativas estándar, simplificando el proceso sin engorrosos pasos de aprobación. Este método es eficaz porque no sólo limita el acceso temporalmente, sino que también registra cada solicitud de acceso para su posterior auditoría, mejorando la seguridad y el cumplimiento.

El empleo de estrategias de acceso condicional y acceso "justo a tiempo" permite a las organizaciones mitigar los riesgos mediante el cumplimiento de los requisitos de conformidad y la reducción del margen de oportunidad para posibles violaciones de la seguridad.

Gestión de cuentas

La gestión de cuentas es un aspecto crítico de la ciberseguridad, que implica el establecimiento de protocolos sólidos que se adhieran a los principios de mínimo privilegio y separación de funciones, junto con la aplicación de estrategias de rotación de puestos y la supervisión de todo el ciclo de vida de las cuentas. El principio del mínimo privilegio exige conceder a los individuos únicamente los permisos esenciales para su función, minimizando los derechos de acceso innecesarios. La separación de funciones exige dividir las responsabilidades de las tareas sensibles entre varias personas, lo que aumenta la seguridad y reduce el riesgo de acciones no autorizadas.

Además, las prácticas de rotación de puestos implican reasignar periódicamente a los empleados a diferentes funciones. Esto no sólo amplía su experiencia y comprensión de la organización, sino que también sirve para disuadir de la mala conducta, al saber que otro empleado revisará su trabajo. Del mismo modo, las políticas de vacaciones obligatorias obligan al personal que desempeña funciones críticas a tomarse días libres consecutivos, durante los cuales se revoca su acceso al sistema, lo que puede dejar al descubierto cualquier actividad fraudulenta que pudieran haber estado ocultando.

Establecer una convención uniforme de nomenclatura para las cuentas de usuario es otra responsabilidad clave, ya que simplifica el proceso de vincular las actividades de las cuentas a personas concretas. Un enfoque común combina la inicial del usuario con un segmento de su apellido, añadiendo un número si es necesario para evitar duplicados.

Los profesionales de la ciberseguridad también gestionan el ciclo de vida de las cuentas y las credenciales, que abarca la concesión de acceso a nuevos usuarios en consonancia con sus funciones, el ajuste de los permisos a medida que cambian las funciones o surgen nuevas necesidades de acceso, la realización de revisiones periódicas del acceso con fines de recertificación y, por último, la revocación del acceso a los usuarios que abandonan la organización. Esta gestión del ciclo de vida garantiza que los privilegios de acceso se mantengan alineados con las necesidades de la organización y las políticas de seguridad.

Tipos de cuentas

Los marcos de control de acceso incorporan una variedad de tipos de cuentas, cada una de las cuales necesita enfoques de gestión distintos. La mayor parte de las cuentas que supervisamos son cuentas de usuario individuales, que conceden acceso rutinario a los recursos. Los niveles de privilegio de estas cuentas varían mucho, desde el personal de atención al público hasta los ejecutivos, pero todas se rigen por prácticas de seguridad estandarizadas que incluyen la supervisión periódica de las infracciones y el cumplimiento de un protocolo de ciclo de vida para la activación y cancelación.

Las cuentas designadas para administradores de sistemas tienen privilegios más amplios, lo que permite realizar modificaciones exhaustivas en el sistema. Debido a su elevado nivel de acceso, estas cuentas exigen una estricta supervisión mediante estrategias de gestión de cuentas privilegiadas. Las actividades realizadas a través de estas cuentas deben registrarse meticulosamente, y cualquier comportamiento anómalo debe investigarse con prontitud debido a lo mucho que está en juego. Para mitigar el riesgo, los administradores suelen operar principalmente bajo cuentas de usuario estándar, elevando su acceso sólo cuando es necesario a través de protocolos específicos como la asunción de roles o la elevación basada en comandos (por ejemplo, sudo en entornos Linux).

Por ejemplo, en un servidor Linux, las tareas administrativas, como la edición de archivos críticos del sistema, requieren permisos elevados que no están disponibles en el modo de usuario por defecto. Utilizando el comando sudo se pueden conceder estos privilegios necesarios caso por caso, ilustrando el uso controlado de los poderes administrativos.

Las cuentas de invitado sirven para proporcionar acceso temporal, como la conectividad a Internet para los visitantes, y deben supervisarse de cerca con condiciones de caducidad explícitas. Por el contrario, las cuentas compartidas o genéricas, a las que pueden acceder varios usuarios, suelen desaconsejarse debido a la dificultad de atribuir acciones a individuos, lo que socava la rendición de cuentas.

Las cuentas de servicio, diseñadas para operaciones a nivel de sistema más que para uso humano directo, suelen poseer amplios privilegios. Es imperativo que estas cuentas no sean accesibles de forma interactiva y que sus credenciales permanezcan ocultas para garantizar la seguridad.

En conclusión, para salvaguardar la integridad del sistema es crucial mantener distinciones claras entre los tipos de cuentas y sus propósitos. El uso indiscriminado de cuentas compartidas o genéricas compromete la capacidad de realizar un seguimiento preciso de las acciones de los usuarios, lo que plantea importantes problemas de seguridad.

Políticas de cuentas

Los expertos en seguridad utilizan políticas de cuentas para aplicar protocolos y configuraciones de seguridad en un dominio de red. Windows Active Directory ofrece una herramienta denominada directiva de grupo para facilitar estas configuraciones. Los administradores pueden crear objetos de directiva de grupo (GPO), que son conjuntos de parámetros de configuración, y aplicarlos en todo el dominio o a subconjuntos específicos de usuarios y equipos dentro de las unidades organizativas.

Veamos la creación de un GPO en un servidor Windows con el objetivo de imponer un salvapantallas protegido por contraseña para todos los usuarios. Al abrir la herramienta de administración de directivas de grupo de Windows, navegue hasta el dominio de interés, donde encontrará una sección para los objetos de directiva de grupo. Aquí, es posible que inicialmente sólo estén visibles las políticas predeterminadas. Para crear un nuevo GPO, haga clic con el botón derecho del ratón en la carpeta Objetos de directiva de grupo, seleccione "Nuevo" y asigne un nombre al GPO, quizás algo sencillo como "Directiva de salvapantallas".

Inicialmente, este nuevo GPO no tendrá ninguna configuración específica, es esencialmente una pizarra en blanco. Al editar el GPO, se abre el Editor de administración de directivas de grupo, donde puede navegar por varias configuraciones para imponer las directivas deseadas. Por ejemplo, en "Configuración de usuario", seguido de "Plantillas administrativas" y luego "Panel de control", encontrará la sección "Personalización", donde se administra la configuración del protector de pantalla.

Dentro de Personalización, es posible activar el salvapantallas, impedir cambios en la configuración del salvapantallas, requerir una contraseña para el salvapantallas y establecer un periodo de tiempo de espera. Por ejemplo, activar el salvapantallas y configurarlo para que se active después de 15 minutos (o 900 segundos) se puede especificar aquí. Una vez configurados y guardados estos ajustes, la política del salvapantallas entra en vigor en todo el dominio, lo que garantiza un enfoque unificado de esta medida de seguridad concreta para todos los usuarios.

Este proceso simplificado ejemplifica cómo los GPO pueden desplegarse estratégicamente para mejorar las medidas de seguridad de forma coherente en toda la base de usuarios de una organización.

Conciliación

La conciliación de cuentas en el contexto de la gestión de identidades y accesos (IAM) es un proceso crucial que implica verificar y garantizar que las cuentas de los sistemas y aplicaciones de una organización se gestionan de forma correcta y precisa, de acuerdo con las políticas de seguridad y cumplimiento de la organización. Este proceso incluye varias actividades clave:

1. Verificación de las cuentas de usuario: Implica comprobar que cada cuenta del sistema pertenece a un usuario actual y está autorizada para los niveles de acceso que tiene. Este paso ayuda a identificar cualquier cuenta no autorizada, duplicada o redundante que pueda suponer un riesgo para la seguridad.
2. Alineación con políticas y permisos: La reconciliación de cuentas garantiza que los derechos de acceso y los permisos de todas las cuentas de usuario están alineados con las políticas de seguridad de la organización y con el principio de mínimo privilegio, lo que significa que los usuarios sólo tienen el acceso necesario para realizar sus funciones laborales.
3. Auditorías y revisiones periódicas: Las auditorías y revisiones periódicas de las cuentas de usuario y sus derechos de acceso forman parte de la conciliación de cuentas. Estas revisiones ayudan a identificar cualquier discrepancia o desviación de las políticas de control de acceso previstas y a rectificarlas con prontitud.

5. Sincronización entre sistemas: En las grandes organizaciones, los usuarios pueden tener cuentas en varios sistemas. La conciliación de cuentas incluye garantizar que la información de las cuentas de usuario y los derechos de acceso están sincronizados en todos estos sistemas. Este paso evita discrepancias de acceso y reduce el riesgo de brechas de seguridad.

6. Gestión de cuentas huérfanas: Cuando los empleados abandonan una organización o cambian de función dentro de ella, sus cuentas anteriores pueden quedar huérfanas (es decir, dejar de estar asociadas a un usuario activo). Parte de la conciliación de cuentas consiste en identificar y gestionar adecuadamente estas cuentas huérfanas para garantizar que no se conviertan en vulnerabilidades de seguridad.

7. Cumplimiento e informes: Garantizar el cumplimiento de los requisitos normativos y las políticas internas es un componente crítico de la conciliación de cuentas. A menudo implica generar informes que documenten la adecuación de las prácticas de gestión de cuentas a estos requisitos.

La conciliación de cuentas es un proceso continuo que desempeña un papel vital para minimizar los riesgos de seguridad y garantizar que los recursos de la organización estén debidamente protegidos. Ayuda a mantener la integridad del sistema IAM, protegiendo así contra el acceso no autorizado y las posibles violaciones de datos.

MONITOREO DE CUENTAS

Los profesionales de la seguridad deben supervisar diligentemente los permisos de las cuentas de los usuarios finales para protegerse contra posibles violaciones de la seguridad. Esta vigilancia implica abordar varios retos comunes asociados a la gestión de cuentas.

Una de las principales preocupaciones es la asignación errónea de permisos, que puede obstaculizar la capacidad de un usuario para desempeñar sus funciones o infringir el principio de mínimo privilegio. Estas discrepancias suelen deberse a la "acumulación de privilegios", cuando los usuarios acumulan permisos de varias funciones sin la correspondiente revocación de los privilegios anteriores. Para contrarrestar esta situación, deben realizarse auditorías periódicas de las cuentas de usuario, con la participación de la dirección, para validar que los permisos de cada cuenta se ajustan a los requisitos de la función actual y ajustarlos según sea necesario. Debe prestarse especial atención a los empleados que hayan cambiado de función desde la última auditoría.

Otro problema crítico es el uso no autorizado de permisos, ya sea por agentes externos que comprometen una cuenta o por usuarios legítimos que realizan actividades no autorizadas. Para detectar este uso indebido es necesario supervisar continuamente las actividades de las cuentas en busca de anomalías. Esto podría incluir alertas de inicios de sesión desde ubicaciones atípicas, patrones inusuales de acceso a la red, inicios de sesión a horas extrañas, desviaciones del comportamiento estándar de acceso a archivos o volúmenes anormales de acceso a datos. La implantación de sistemas de supervisión basados en el comportamiento puede ayudar a identificar estas irregularidades.

La mejora de las capacidades de supervisión puede requerir la integración de funciones adicionales, como el geoetiquetado para capturar el origen geográfico de los inicios de sesión y la delimitación geográfica para alertar de los movimientos fuera de las zonas predefinidas. Estas tecnologías pueden proporcionar un contexto valioso para evaluar la legitimidad de las actividades de las cuentas.

Al realizar revisiones de cuentas, es esencial evaluar no sólo las cuentas estándar de usuario y administrador, sino también las utilizadas por los sistemas y servicios de apoyo. Las cuentas asociadas a sistemas y servicios gestionados deben configurarse para evitar inicios de sesión interactivos y cumplir estrictamente el principio de mínimo privilegio, garantizando que sólo poseen los niveles de acceso necesarios para sus funciones.

Afrontar estos retos mediante prácticas meticulosas de gestión y supervisión de cuentas es crucial para mantener un entorno informático seguro y funcional.

Sistemas y soluciones IAM

IAM engloba una amplia gama de sistemas y soluciones diseñados para garantizar que las personas adecuadas tengan acceso a los recursos adecuados en el momento adecuado y por las razones adecuadas. Estos sistemas son fundamentales para gestionar las identidades, controlar el acceso, aplicar las políticas de seguridad y auditar las actividades de los usuarios dentro de una organización. A continuación, exploramos los distintos tipos de sistemas y soluciones que existen en el área de IAM, junto con sus principales funciones y aplicaciones.

1. Aprovisionamiento y administración de identidades

Estos sistemas automatizan el proceso de creación, gestión y eliminación de cuentas de usuario y derechos de acceso en varios sistemas y aplicaciones dentro de una organización. A menudo se integran con los sistemas de RR.HH. para automatizar los procesos de alta y baja.

Ejemplos: Microsoft Active Directory, Oracle Identity Manager.

2. Inicio de sesión único (SSO)

Las soluciones SSO permiten a los usuarios autenticarse una vez y obtener acceso a múltiples sistemas y aplicaciones sin necesidad de iniciar sesión por separado en cada uno de ellos. El SSO mejora la experiencia del usuario y reduce la fatiga de contraseñas.

Ejemplos: Okta, OneLogin, Microsoft Azure Active Directory.

3. Autenticación multifactor (MFA)

La MFA mejora la seguridad exigiendo a los usuarios dos o más factores de verificación para acceder a los recursos. Los factores pueden incluir algo que el usuario sabe (contraseña), algo que el usuario tiene (token de seguridad, teléfono móvil) y algo que el usuario es (verificación biométrica).

Ejemplos: Duo Security, RSA SecurID, Google Authenticator.

4. Gestión de acceso privilegiado (PAM)

Las soluciones PAM gestionan y protegen las cuentas privilegiadas, que tienen derechos de acceso elevados a sistemas y datos críticos. Los sistemas PAM suelen incluir funciones de gestión de contraseñas, registro de sesiones y control de acceso detallado.

Ejemplos: CyberArk, BeyondTrust, Thycotic.

5. Servicios de directorio

Los servicios de directorio actúan como repositorios centralizados para la información de usuarios y grupos, soportando la autenticación y el control de acceso a través de recursos en red. Son esenciales para organizar los datos y roles de los usuarios dentro de una organización.

Ejemplos: Microsoft Active Directory, LDAP (Lightweight Directory Access Protocol).

6. Identity Governance and Administration (IGA)

Las soluciones IGA proporcionan un marco para la gestión de políticas, solicitudes de acceso, gestión de funciones e informes de cumplimiento. Ayudan a las organizaciones a aplicar las políticas de acceso y garantizar el cumplimiento de la normativa.

Ejemplos: SailPoint, Saviynt, IBM Security Identity Governance and Intelligence.

7. Gestión de accesos

Los sistemas de gestión de accesos controlan el acceso a los recursos basándose en las identidades, funciones y políticas de los usuarios. Estos sistemas imponen quién puede acceder a qué recursos y en qué condiciones.

Ejemplos: Oracle Access Management, CA SiteMinder.

8. Análisis del comportamiento del usuario (UBA)

Las soluciones UBA analizan las actividades de los usuarios y detectan anomalías que pueden indicar posibles amenazas a la seguridad. Mediante la supervisión de patrones de comportamiento inusuales, las herramientas UBA ayudan a identificar cuentas comprometidas o amenazas internas.

Ejemplos: Exabeam, Rapid7 InsightIDR.

9. Identidad como servicio (IDaaS)

IDaaS proporciona capacidades IAM como un servicio basado en la nube, ofreciendo soluciones escalables para el aprovisionamiento de identidades, SSO, MFA y más. Las soluciones IDaaS están diseñadas para integrarse fácilmente con aplicaciones locales y en la nube.

Ejemplos: Microsoft Azure Active Directory, Google Cloud Identity.

10. Gestión de Identidad y Acceso del Consumidor (CIAM)

Las soluciones CIAM gestionan las identidades y el acceso de los clientes, proporcionando experiencias seguras y fluidas a través de los canales digitales. Los sistemas CIAM suelen incluir funciones de registro, autenticación, gestión del consentimiento y protección de la privacidad.

Ejemplos: Auth0, ForgeRock, SAP Customer Data Cloud.

11. Servicios de federación

Los servicios de federación permiten compartir información de identidad entre distintos dominios de seguridad, lo que permite a los usuarios acceder a recursos más allá de los límites de la organización utilizando un único conjunto de credenciales.

Ejemplos: ADFS (Active Directory Federation Services), Shibboleth.

Cada uno de estos sistemas y soluciones desempeña un papel específico en el ecosistema más amplio de IAM, trabajando juntos para proteger los recursos de la organización, garantizando al mismo tiempo que los usuarios tengan el acceso que necesitan para desempeñar sus funciones con eficacia. A medida que evolucionan las amenazas y crecen las organizaciones, el panorama de la IAM sigue ampliándose, incorporando nuevas tecnologías y enfoques para hacer frente a los complejos retos de gestionar y proteger las identidades.

ACTIVE DIRECTORY

Microsoft Active Directory (AD) es un servicio de directorio desarrollado por Microsoft para redes de dominios Windows. Se incluye en la mayoría de los sistemas operativos Windows Server como un conjunto de procesos y servicios. Lanzado inicialmente con Windows 2000 Server, se ha convertido en una herramienta esencial para gestionar y proteger entornos informáticos en organizaciones de todos los tamaños. Active Directory ofrece diversas funciones, como servicios de directorio, gestión de identidades, gestión de accesos y servicios de red.

Funciones y características principales

1. **Servicios de directorio**: En esencia, AD es una base de datos y un conjunto de servicios que almacenan información sobre los recursos de la red como usuarios, grupos, ordenadores, impresoras y archivos compartidos y, lo que es más importante, gestiona estos recursos. Organiza esta información en una estructura jerárquica, facilitando a los administradores y usuarios la búsqueda y gestión de datos.
2. **Gestión de identidades**: AD gestiona las identidades y credenciales de los usuarios. Almacena información sobre las cuentas de usuario, incluidos nombres, contraseñas, números de teléfono, etc., permitiendo a los administradores crear, modificar y eliminar cuentas de usuario. También admite políticas de contraseñas que aplican requisitos de seguridad como la complejidad y la caducidad de las contraseñas.
3.

    Gestión del acceso: AD controla el acceso a los recursos de la red a través de la autenticación y la autorización. La autenticación verifica la identidad de un usuario cuando se conecta a la red, mientras que la autorización determina sus derechos de acceso a los recursos en función de su identidad, pertenencia a grupos y políticas.

4.

    Políticas de grupo: Una de las características más potentes de AD es la directiva de grupo, que permite a los administradores implementar configuraciones o políticas específicas para usuarios y ordenadores dentro del dominio. Estas políticas pueden controlarlo todo, desde la configuración del escritorio del usuario hasta la instalación de software y la configuración de seguridad, garantizando un entorno coherente y seguro.

5.

    Servicios de dominio: AD DS (Active Directory Domain Services) es la piedra angular de AD, permitiendo a las organizaciones crear una estructura de dominio segura y jerárquica. Los dominios proporcionan un único punto de acceso para la administración y seguridad de la red, y los controladores de dominio autentican y autorizan a todos los usuarios y equipos de un dominio.

6.

Protocolo ligero de acceso a directorios (LDAP): AD utiliza LDAP como protocolo de acceso, lo que permite a las aplicaciones comunicarse con él para recuperar información del directorio.

7. **Servicios de federación:** Active Directory Federation Services (ADFS) es un componente opcional que proporciona Single Sign-On (SSO) para autenticar a un usuario a través de múltiples aplicaciones web durante la vida de una sola sesión en línea.

8.

Servicios de certificación: AD CS (Active Directory Certificate Services) proporciona un conjunto personalizable de servicios que permite a la organización emitir y gestionar certificados de clave pública, mejorando la seguridad de la red al permitir el cifrado, las firmas digitales y el correo electrónico seguro (S/MIME).

9.

Servicios de gestión de derechos (RMS): AD RMS es un software de servidor para la gestión de derechos de información que se suministra con Windows Server. Utiliza el cifrado y una forma de denegación de funcionalidad selectiva para limitar el acceso a documentos como correos electrónicos corporativos, documentos de Microsoft Word y páginas web, y las operaciones que los usuarios autorizados pueden realizar en ellos.

Usos de Microsoft Active Directory

- Gestión centralizada de recursos y usuarios: Los administradores pueden gestionar usuarios, grupos y dispositivos desde una única ubicación, agilizando las tareas administrativas.

- Seguridad mejorada: Mediante directivas de grupo y controles de acceso, AD ayuda a proteger el entorno de TI frente a accesos no autorizados y posibles infracciones.

- Acceso facilitado a los recursos: Los usuarios se benefician de SSO y de un acceso fluido a las aplicaciones y servicios dentro de la red.

- Cumplimiento y auditoría: AD respalda el cumplimiento de diversos requisitos normativos proporcionando herramientas de supervisión, elaboración de informes y auditoría de las actividades y el acceso de los usuarios.

- Interoperabilidad: Active Directory admite la integración con una amplia gama de aplicaciones y servicios, incluidas soluciones de terceros, a través de LDAP y otras API.

Microsoft Active Directory se ha convertido en un elemento fundamental de la infraestructura de TI, ya que proporciona las herramientas necesarias para gestionar usuarios y recursos de forma eficaz, aplicar políticas de seguridad y facilitar el acceso a los recursos de red. Su amplio conjunto de características y su escalabilidad lo hacen adecuado para organizaciones que abarcan desde pequeños negocios hasta grandes empresas.

Oracle Identity Manager

Oracle Identity Manager (OIM) es una solución integral de gobierno de identidades que gestiona las identidades de los usuarios, su autenticación, autorización, funciones y privilegios dentro de un ecosistema de TI empresarial. Parte de la suite de gestión de identidades y accesos (IAM) de Oracle, OIM está diseñada para automatizar y agilizar el proceso de gestión del ciclo de vida de las identidades de usuario, desde la incorporación hasta la baja, en una amplia gama de aplicaciones locales y basadas en la nube. Ofrece funciones sólidas destinadas a mejorar la seguridad, el cumplimiento y la eficiencia en la gestión de identidades digitales.

Funciones y características principales

1. **Gestión automatizada del ciclo de vida del usuario**: OIM automatiza procesos críticos como el aprovisionamiento y desaprovisionamiento de usuarios, la asignación de funciones y la gestión de derechos de acceso. Esta automatización se extiende a lo largo de todo el ciclo de vida del usuario, reduciendo significativamente las tareas administrativas manuales y mejorando la eficiencia operativa.
2. **Control de acceso**: Proporciona herramientas completas para gestionar y aplicar las políticas de acceso, garantizando que los usuarios tengan los derechos de acceso adecuados en función de sus funciones dentro de la organización. OIM admite el control de acceso basado en funciones (RBAC) y puede aplicar políticas de segregación de funciones (SoD) para mitigar el riesgo y cumplir las normas reglamentarias.

3. **Portal de autoservicio:** OIM incluye un portal de autoservicio que permite a los usuarios gestionar sus perfiles, solicitar acceso a recursos, restablecer contraseñas y gestionar sus credenciales de forma autónoma. Esto reduce la carga de trabajo de los departamentos de TI y mejora la satisfacción de los usuarios.

4. **Motor de flujo de trabajo avanzado:** La plataforma cuenta con un sofisticado motor de flujo de trabajo que automatiza el proceso de aprobación de las solicitudes de acceso y otros cambios relacionados con la identidad. Este motor es altamente configurable, lo que permite a las organizaciones definir flujos de trabajo complejos que se alineen con sus políticas y procedimientos internos.

5. **Cumplimiento y auditoría:** OIM proporciona herramientas completas para la gestión del cumplimiento, incluidos informes detallados y registros de auditoría que documentan los derechos de acceso, las infracciones de las políticas y los cambios en las identidades de los usuarios. Esta función es crucial para cumplir los requisitos normativos y realizar auditorías internas.

6. **Capacidades de integración:** Oracle Identity Manager ofrece amplias capacidades de integración con una amplia gama de aplicaciones empresariales, directorios y servicios en la nube. Utiliza conectores y API para sincronizar los datos de usuario y aplicar políticas de acceso en diversos entornos de TI.

7. **Gestión de cuentas privilegiadas:** Aunque OIM se centra principalmente en la gestión de cuentas de usuarios normales, puede

integrarse con Oracle's Privileged Account Manager (OPAM) para mejorar el control de las cuentas privilegiadas, añadiendo una capa adicional de seguridad para las operaciones sensibles.

Casos prácticos

- Agilización de la incorporación y la baja: Automatiza el proceso de concesión o revocación del acceso a los recursos informáticos a medida que los empleados se incorporan, cambian de puesto o abandonan la organización.

- Cumplimiento de accesos: Ayuda a las organizaciones a cumplir con las normas reglamentarias, como GDPR, HIPAA, SOX y más, mediante la aplicación de políticas de acceso y el mantenimiento de registros de auditoría detallados.

- Gestión de roles: Simplifica la creación, modificación y eliminación de roles, así como la asignación de usuarios a estos roles, asegurando que los derechos de acceso estén alineados consistentemente con las funciones del trabajo.

- Gestión de contraseñas: Ofrece una plataforma centralizada para gestionar las contraseñas de los usuarios en múltiples sistemas, mejorando la seguridad y la comodidad del usuario.

- Flujo de trabajo de solicitud de acceso: Permite a los usuarios solicitar acceso a recursos a través de un portal de autoservicio, con flujos de trabajo automatizados para su aprobación, mejorando así la eficiencia y el control sobre la gestión de accesos.

Ventajas

- Mayor seguridad: Al automatizar la gestión de las identidades y los derechos de acceso de los usuarios, OIM reduce el riesgo de accesos no autorizados y posibles violaciones de la seguridad.

- Cumplimiento mejorado: Las funciones de auditoría y elaboración de informes de la solución facilitan a las organizaciones el cumplimiento de los requisitos normativos y la superación de auditorías.

- Mayor eficacia: La automatización de las tareas rutinarias de gestión de identidades y accesos libera recursos de TI para iniciativas más estratégicas.

- Capacitación del usuario: Las capacidades de autoservicio permiten a los usuarios gestionar sus accesos y credenciales, lo que reduce la dependencia del soporte de TI y mejora la experiencia del usuario.

Oracle Identity Manager es una potente herramienta para las organizaciones que buscan mejorar sus capacidades de gobierno de identidades y gestión de accesos. Al automatizar los procesos clave, proporcionar sólidas herramientas de cumplimiento y ofrecer un portal de autoservicio fácil de usar, OIM ayuda a las organizaciones a proteger sus entornos de TI, cumplir las normas reglamentarias y mejorar la eficacia operativa. Como parte de la suite IAM más amplia de Oracle, se integra perfectamente con otras soluciones empresariales y de seguridad, lo que la convierte en una opción versátil para las empresas modernas.

OKTA

Okta es un servicio de gestión de identidades y accesos (IAM) basado en la nube que proporciona un completo conjunto de herramientas diseñadas para proteger el acceso de los usuarios a las aplicaciones y los datos de toda una organización. Fundada en 2009, Okta se ha convertido en una de las principales soluciones de IAM, ofreciendo capacidades de gestión de identidades escalables y flexibles para empresas de todos los tamaños, desde pequeñas empresas hasta grandes corporaciones. La plataforma de Okta se basa en el principio de acceso seguro y sin fisuras desde cualquier dispositivo, en cualquier lugar y en cualquier momento, lo que la convierte en la piedra angular de las arquitecturas de seguridad modernas que adoptan la computación en nube, los dispositivos móviles y el trabajo remoto.

Funciones y características principales

1. **Inicio de sesión único (SSO):** La capacidad SSO de Okta permite a los usuarios acceder a todas sus aplicaciones con un único conjunto de credenciales, eliminando la necesidad de múltiples contraseñas y mejorando la comodidad y seguridad del usuario.
2. **Autenticación multifactor (MFA):** Okta mejora la seguridad al requerir que los usuarios proporcionen dos o más factores de verificación para obtener acceso, lo que reduce significativamente el riesgo de acceso no autorizado debido a credenciales comprometidas.
3. **Directorio Universal:** Un almacén de usuarios flexible y basado en la nube que gestiona identidades de usuarios, grupos y dispositivos en todas las aplicaciones, ya estén en las instalaciones o en la nube. Admite una amplia gama de opciones de integración de directorios, incluidos Active Directory, LDAP y sistemas de recursos humanos.
4. **Gestión del ciclo de vida:** Automatiza los procesos del ciclo de vida de los usuarios, como el aprovisionamiento, el desaprovisionamiento y la asignación de funciones en función de los activadores de RRHH u otros eventos empresariales, garantizando que los derechos de acceso se alineen con precisión con las funciones y los estados de los usuarios.
5. **Gestión de Acceso API:** Okta proporciona un control de acceso seguro y basado en identidades para las API, lo que permite a las organizaciones proteger los datos y servicios confidenciales garantizando que solo los usuarios y servicios autorizados puedan acceder a ellos.
6. **MFA adaptable y políticas de seguridad:** Ofrece políticas de

acceso basadas en el riesgo que se adaptan al contexto del usuario, como la ubicación, el dispositivo, la red y los patrones de comportamiento, para proporcionar una seguridad dinámica que equilibre la comodidad del usuario con la necesidad de una protección sólida.

7. **Gobierno y Administración de la Identidad (IGA):** Proporciona herramientas para gestionar y hacer cumplir las políticas en torno a las solicitudes de acceso, aprobaciones, certificaciones y segregación de funciones, ayudando a las organizaciones a cumplir con los requisitos de cumplimiento y mitigar los riesgos.

8. **Soluciones B2B y B2C:** Okta admite escenarios de empresa a empresa (B2B) y de empresa a consumidor (B2C), lo que permite una colaboración segura con los socios y ofrece una experiencia de cliente segura y sin fisuras a través de aplicaciones web y móviles.

Casos prácticos

- **Gestión de Identidades del Personal:** Al asegurar el acceso de los empleados a herramientas y datos, Okta agiliza la experiencia del usuario a la vez que aplica sólidas políticas de seguridad.
- **Gestión de Identidades y Accesos de Clientes (CIAM):** Mejorar las experiencias de los clientes proporcionando un acceso seguro y sin fricciones a los servicios y aplicaciones en línea.
- **Acceso remoto seguro:** Permitir el acceso seguro a los recursos corporativos para los trabajadores remotos y móviles sin comprometer la seguridad.
- **Colaboración con proveedores y socios:** Facilitar el acceso seguro a socios externos, proveedores y contratistas para colaborar eficazmente sin exponer información confidencial.
- **Cumplimiento y protección de datos:** Ayudar a las organizaciones a cumplir con los requisitos reglamentarios como GDPR, CCPA, HIPAA y más, proporcionando controles de acceso sólidos y capacidades de auditoría.

Ventajas

- **Seguridad mejorada:** Al centralizar la gestión de identidades y aplicar políticas sólidas de autenticación y autorización, Okta reduce significativamente el riesgo de filtraciones de datos y otros incidentes de seguridad.
- **Eficiencia operativa**: La automatización de los procesos de gestión de identidades y accesos reduce la carga administrativa de los equipos de TI y agiliza el acceso de los usuarios.
- **Escalabilidad**: La arquitectura nativa en la nube permite a las organizaciones escalar fácilmente sus soluciones IAM a medida que crecen, dando cabida a un número creciente de usuarios y aplicaciones sin necesidad de hardware adicional.
- **Flexibilidad**: La plataforma de Okta es altamente flexible y se integra con una amplia gama de aplicaciones, sistemas y servicios, admitiendo tanto entornos en la nube como locales.
- **Experiencia del usuario**: Al proporcionar un acceso fluido a aplicaciones y servicios, Okta mejora la productividad y la satisfacción de empleados, clientes y socios.

Okta se destaca como una solución integral de gestión de identidad y acceso basada en la nube que aborda una amplia gama de desafíos de IAM que enfrentan las organizaciones modernas. Su enfoque en la seguridad, la experiencia del usuario y la eficiencia operativa, combinado con su flexibilidad y escalabilidad, hacen de Okta una herramienta valiosa para las empresas que buscan asegurar sus activos digitales al tiempo que permite el acceso sin fisuras para los usuarios de todo el mundo.

Azure Active Directory

Microsoft Azure Active Directory (Azure AD) es un servicio de gestión de identidades y accesos basado en la nube proporcionado por Microsoft. Está diseñado para ayudar a las organizaciones a gestionar las identidades de los usuarios y crear políticas de acceso seguras para aplicaciones y recursos, tanto en la nube como en las instalaciones. Azure AD es un componente crítico de la infraestructura en la nube de Microsoft, profundamente integrado con Office 365, Microsoft 365, los servicios Azure y miles de otras aplicaciones SaaS, ofreciendo una solución completa para la gestión de identidades y accesos.

Funciones y características principales

1. Inicio de sesión único (SSO): Azure AD permite a los usuarios acceder a múltiples aplicaciones y servicios con un único conjunto de credenciales, proporcionando una experiencia de usuario fluida y eficiente a la vez que mejora la seguridad.
2. Autenticación multifactor (MFA): Refuerza la seguridad al requerir dos o más métodos de verificación para autenticar las identidades de los usuarios, como una contraseña, una llamada telefónica, un mensaje de texto o una notificación a través de una app móvil.
3. Acceso condicional: Esta función permite a las organizaciones crear y aplicar políticas de acceso granulares basadas en el usuario, el dispositivo, la ubicación y los factores de riesgo, lo que garantiza que solo los usuarios autorizados puedan acceder a la información sensible en las condiciones adecuadas.
4. Gestión de dispositivos: Azure AD se integra con Microsoft Intune y otras soluciones de gestión de dispositivos para permitir un acceso seguro y gestionado a los recursos corporativos desde cualquier dispositivo.
5. Servicios de directorio: Proporciona servicios de directorio completos que incluyen características avanzadas como estructura jerárquica, gestión basada en grupos, integración de aplicaciones y compatibilidad con LDAP (Lightweight Directory Access Protocol).
6. Protección de identidades: Azure AD Identity Protection aprovecha la analítica avanzada para detectar posibles vulnerabilidades que afecten a las identidades de una organización, configurar respuestas automatizadas a los problemas detectados e investigar comportamientos sospechosos de las identidades.
7. Colaboración B2B: Azure AD permite a las organizaciones compartir de forma segura aplicaciones y servicios con usuarios invitados de cualquier otra organización, manteniendo el control sobre sus propios datos corporativos.

8.

> B2C (Business to Consumer): Azure AD B2C es una solución de gestión de acceso a identidades de clientes que proporciona a las empresas la capacidad de conectar con sus clientes a través de una gestión de identidades y un control de acceso escalables y seguros.

9. Identidad híbrida: Azure AD proporciona una integración perfecta con Active Directory local, lo que permite a las organizaciones mantener una identidad coherente en entornos en la nube y locales.

Casos de uso

10. Movilidad y seguridad empresarial: Azure AD admite el acceso remoto seguro a aplicaciones y datos, lo que mejora la productividad al tiempo que garantiza la seguridad de los datos y el cumplimiento normativo.

11. Migración a la nube: Para las organizaciones que se trasladan a la nube, Azure AD facilita la transición mediante la gestión de identidades basadas en la nube junto con las identidades locales existentes.

12. Soporte para desarrolladores: Azure AD proporciona una plataforma de identidad para que los desarrolladores creen aplicaciones que inicien sesión en los usuarios, protejan las API y llamen a Microsoft Graph API.

13. Colaboración global: Permite a las organizaciones colaborar globalmente compartiendo de forma segura sus aplicaciones con socios y proveedores fuera de sus límites corporativos.

Ventajas

- Seguridad mejorada: Azure AD proporciona sólidas funciones de seguridad, incluido el acceso condicional y MFA, lo que reduce el riesgo de infracciones de seguridad.

- Escalabilidad: Al ser un servicio basado en la nube, Azure AD puede escalar fácilmente para adaptarse a las crecientes necesidades de las empresas, desde pequeñas startups hasta grandes empresas.

- Integración: La profunda integración con el ecosistema de Microsoft y miles de aplicaciones SaaS de terceros agiliza las operaciones y mejora la productividad.

- Conformidad: Azure AD ayuda a las organizaciones a cumplir con diversas normas regulatorias al proporcionar características integrales de seguridad y gestión de acceso.

- Rentabilidad: Al reducir la dependencia de la infraestructura local y simplificar la gestión de identidades, Azure AD puede ayudar a reducir los costes generales de TI.

Microsoft Azure Active Directory es un servicio de gestión de acceso e identidades basado en la nube potente, escalable y seguro. Su completo conjunto de características permite a las organizaciones gestionar las identidades de los usuarios, proteger el acceso a las aplicaciones y cumplir los requisitos de conformidad de forma eficaz. Las capacidades de integración de Azure AD lo convierten en una herramienta indispensable para las empresas que aprovechan los servicios en la nube, en particular los del ecosistema de Microsoft, facilitando un viaje de transformación digital seguro y sin problemas.

CYBERARK

CyberArk es una empresa de software de ciberseguridad integral especializada en la gestión de acceso a privilegios (PAM) y que ofrece diversas soluciones de seguridad centradas en la protección frente a ciberamenazas avanzadas. Fundada en 1999, CyberArk se ha convertido en líder en la protección de empresas contra ciberataques que atacan el corazón de la empresa mediante privilegios internos. El conjunto de soluciones de CyberArk está diseñado para ayudar a las organizaciones a proteger sus activos más críticos y de mayor valor en entornos en la nube, locales e híbridos.

Funciones y características principales

1. Seguridad de acceso privilegiado: La oferta insignia de CyberArk se centra en proteger las cuentas privilegiadas, que a menudo son el objetivo de los atacantes debido a su acceso de alto nivel a sistemas y datos críticos. La solución proporciona gestión, supervisión y control seguros del acceso a cuentas privilegiadas en todo el entorno de TI.
2. Gestión de secretos: CyberArk protege y gestiona los secretos utilizados por máquinas y aplicaciones, como claves API,

claves SSH y otras credenciales, garantizando que estos elementos críticos se almacenen de forma segura y que el acceso esté estrictamente controlado y supervisado.
3. Endpoint Privilege Manager: Esta solución se centra en minimizar los riesgos en los endpoints eliminando los derechos de administrador local, aplicando políticas de mínimos privilegios y controlando las aplicaciones en servidores y estaciones de trabajo Windows y Unix/Linux para evitar el malware o los ataques que se aprovechan de las cuentas con privilegios.
4. Cloud Entitlements Manager: Un servicio de seguridad que proporciona visibilidad y control sobre permisos y derechos en entornos de nube. Ayuda a aplicar el mínimo privilegio identificando permisos excesivos y cuentas no utilizadas, y recomendando acciones correctoras.
5. Seguridad de acceso para DevOps: CyberArk asegura la canalización de DevOps y el ciclo de vida de desarrollo de aplicaciones mediante la gestión de secretos y credenciales, garantizando que el acceso a los recursos críticos esté asegurado durante todo el proceso de desarrollo.
6. Acceso justo a tiempo: Esta función ofrece una gestión de privilegios adaptable, proporcionando a los usuarios acceso privilegiado cuando sea necesario y durante un tiempo limitado, reduciendo la superficie de riesgo al eliminar los privilegios permanentes.
7. Detección y respuesta a amenazas: CyberArk proporciona herramientas para detectar, alertar y responder a las amenazas relacionadas con el acceso privilegiado. Utiliza análisis de comportamiento para identificar actividades sospechosas y puede automatizar las respuestas a posibles incidentes de seguridad.

Casos de uso

- Protección contra amenazas externas e internas: CyberArk protege contra las amenazas planteadas por atacantes externos e internos malintencionados garantizando que el acceso privilegiado esté estrechamente supervisado y controlado.

- Cumplimiento y auditoría: Ayuda a las organizaciones a cumplir los requisitos de conformidad relacionados con el acceso privilegiado y la protección de datos al proporcionar capacidades detalladas de registro, supervisión y generación de informes.

- Desarrollo seguro de aplicaciones: Al gestionar y proteger los secretos y las credenciales, CyberArk garantiza que los procesos de desarrollo de aplicaciones sean seguros y cumplan las normativas.

- Seguridad en la nube: Protege los entornos en la nube mediante la gestión del acceso y los derechos, garantizando que las cargas de trabajo y los servicios en la nube estén protegidos contra el acceso no autorizado.

- Eficiencia operativa: Automatiza la gestión de cuentas y credenciales privilegiadas, reduciendo la sobrecarga manual y mejorando la postura de seguridad sin afectar a la eficiencia operativa.

Ventajas

- Seguridad mejorada: Las soluciones de CyberArk proporcionan una sólida protección para las cuentas y credenciales privilegiadas, reduciendo el riesgo de filtraciones de datos y ciberataques.

- Eficiencia operativa: Al automatizar la gestión de accesos privilegiados y secretos, CyberArk mejora la eficiencia operativa y reduce el riesgo de errores humanos.

- Cumplimiento y gobernanza: CyberArk ayuda en el cumplimiento de diversos requisitos normativos proporcionando herramientas integrales para la supervisión, elaboración de informes y auditoría del acceso privilegiado.

- Escalabilidad: Las soluciones de CyberArk están diseñadas para escalar con la organización, admitiendo una amplia gama de entornos, desde centros de datos locales hasta entornos en la nube e híbridos.

- Flexibilidad: CyberArk ofrece una plataforma flexible que se integra con una amplia gama de sistemas de TI, aplicaciones y servicios en la nube, garantizando una amplia protección en todo el panorama digital de la empresa.

CyberArk destaca en el espacio de la ciberseguridad como proveedor especializado en soluciones de gestión de accesos privilegiados, ofreciendo un completo conjunto de herramientas diseñadas para proteger a las organizaciones de las ciberamenazas más avanzadas. Al centrarse en la seguridad de las cuentas y credenciales privilegiadas, CyberArk ayuda a las organizaciones a salvaguardar sus activos más críticos, garantizando la continuidad del negocio y el cumplimiento de las normas reglamentarias.

SAILPOINT

SailPoint Technologies Holdings, Inc, comúnmente conocida como SailPoint, es una empresa líder en el gobierno de identidades empresariales que ofrece soluciones innovadoras para gestionar y proteger las identidades digitales. Fundada en 2005 y con sede en Austin, Texas, SailPoint ha crecido hasta convertirse en un actor fundamental en el mercado del gobierno y la administración de identidades (IGA). Su plataforma permite a las organizaciones gestionar eficazmente las identidades digitales, garantizando que las personas adecuadas tengan el acceso adecuado a los recursos adecuados en el momento adecuado y por las razones adecuadas, mejorando tanto la seguridad como el cumplimiento.

Funciones y características principales

1. Gobierno de identidades: SailPoint proporciona funciones completas de gobierno de identidades que permiten a las organizaciones definir, aplicar, revisar y auditar la política de IAM, así como proporcionar inteligencia procesable y perspectivas empresariales. Esto ayuda a minimizar el riesgo, garantizar el cumplimiento de los mandatos normativos y mejorar la postura general de seguridad.
2. Gestión de accesos: A través de su interfaz intuitiva, SailPoint facilita la gestión del acceso de los usuarios a las aplicaciones y los datos en entornos en la nube, locales e híbridos. Esto incluye el aprovisionamiento y desaprovisionamiento automatizados del acceso, las solicitudes de acceso de autoservicio y la gestión de contraseñas.
3. Aprovisionamiento y desaprovisionamiento automatizados: SailPoint automatiza el proceso de concesión y revocación de acceso a los recursos de la empresa, mejorando significativamente la eficiencia operativa y reduciendo el riesgo de acceso no autorizado.
4. Gestión de la conformidad: La plataforma admite controles de cumplimiento exhaustivos y funciones de elaboración de informes listos para la auditoría. Ayuda a las organizaciones a

cumplir los requisitos normativos proporcionando información sobre quién tiene acceso a qué, cómo se concedió ese acceso y si el acceso sigue siendo necesario.
5. Control de acceso basado en roles (RBAC): SailPoint permite a las organizaciones definir roles dentro de su entorno de TI y asignar derechos de acceso basados en esos roles, agilizando el proceso de control de acceso y reduciendo el riesgo de acceso excesivo o inapropiado.
6. Separación de funciones (SoD): Para mitigar el riesgo y prevenir el fraude, SailPoint apoya la aplicación de las políticas de SoD garantizando que no se asignen derechos de acceso contradictorios a la misma persona.
7. Análisis e informes avanzados: SailPoint emplea análisis avanzados para proporcionar visibilidad de los patrones de acceso y los posibles riesgos de seguridad, ofreciendo información procesable para mejorar la seguridad y el cumplimiento
8. Análisis de identidades: Aprovechando la inteligencia artificial y el aprendizaje automático, las capacidades de análisis de identidades de SailPoint permiten a las organizaciones detectar y responder a los riesgos en tiempo real, mejorando la toma de decisiones en torno a la gestión de accesos e identidades.

Casos de uso

- Mejora de la seguridad y el cumplimiento: Las organizaciones utilizan SailPoint para reforzar su postura de seguridad y garantizar el cumplimiento de diversos marcos normativos mediante la gestión y el control eficaz del acceso de los usuarios.

- Procesos de identidad eficientes: SailPoint automatiza y agiliza los procesos de identidad, como el aprovisionamiento, la gestión de contraseñas y las certificaciones de acceso, lo que conduce a eficiencias operativas.

- Gestión de riesgos: Al proporcionar una visibilidad completa de los derechos de acceso y las actividades, SailPoint ayuda a las organizaciones a identificar y mitigar los riesgos potenciales asociados con el acceso de los usuarios.

- Colaboración segura: SailPoint facilita la colaboración segura tanto dentro como fuera de la organización gestionando y gobernando el acceso a los recursos compartidos.

Ventajas

- Reducción de la complejidad de TI: SailPoint simplifica la gestión de identidades de usuario y derechos de acceso en una amplia gama de entornos, reduciendo la complejidad y los gastos generales de TI.

- Mejora de la experiencia del usuario: Al automatizar los procesos relacionados con el acceso, SailPoint mejora la experiencia del usuario, permitiéndole acceder de forma rápida y segura a los recursos que necesita.

- Postura de seguridad mejorada: A través de sólidas funciones de gobierno y cumplimiento, SailPoint ayuda a las organizaciones a mejorar su postura general de seguridad y reducir el riesgo de filtración de datos.

- Escalabilidad: Las soluciones de SailPoint están diseñadas para escalar con la organización, acomodando el crecimiento y los cambios en el entorno de TI sin comprometer la seguridad o el rendimiento.

SailPoint representa una solución integral para el gobierno y la administración de identidades, que ayuda a las organizaciones a gestionar las identidades digitales de forma eficaz y segura. Mediante la combinación de análisis avanzados, una sólida gestión del cumplimiento normativo y procesos de identidad automatizados, SailPoint permite a las organizaciones afrontar los complejos retos asociados a la gestión del acceso de los usuarios en los entornos de TI actuales, dinámicos y cada vez más centrados en la nube. Su enfoque en la innovación y el éxito del cliente ha hecho de SailPoint un socio preferido para las empresas que buscan mejorar sus estrategias de gobierno de identidad.

ADFS

Active Directory Federation Services (ADFS) es una solución de inicio de sesión único (SSO) desarrollada por Microsoft como parte del sistema operativo Windows Server. ADFS proporciona a los usuarios un acceso seguro y sin fisuras a aplicaciones y sistemas más allá de los límites de la organización, utilizando un único conjunto de credenciales. Esto se consigue mediante el uso de la gestión de identidades federadas, que permite la integración de Active Directory (AD) con otros sistemas de gestión de identidades y admite aplicaciones basadas en web, ya estén alojadas en las instalaciones o en la nube.

Funciones y características principales

1. Federación y confianza: ADFS permite a diferentes organizaciones establecer relaciones de confianza, permitiendo a los usuarios de una organización acceder a recursos y aplicaciones en otra sin necesidad de múltiples nombres de usuario y contraseñas. Esto resulta especialmente útil para colaborar con socios, proveedores y contratistas.
2. Inicio de sesión único (SSO): Con ADFS, los usuarios pueden disfrutar de acceso SSO a múltiples sistemas y aplicaciones, reduciendo la fatiga de contraseñas y mejorando la seguridad general. Los usuarios inician sesión una vez y obtienen acceso a todos los recursos autorizados sin necesidad de volver a autenticarse.
3. Autenticación basada en reclamaciones: ADFS utiliza la autenticación basada en reclamaciones, en la que los atributos del usuario (reclamaciones), como la dirección de correo electrónico o el departamento, se procesan para tomar decisiones de autorización. Esto proporciona una forma flexible y potente de gestionar el acceso de los usuarios en función de sus atributos.
4. Integración con Active Directory: ADFS se integra perfectamente con los entornos existentes de Active Directory, aprovechando AD como almacén autorizado de usuarios. Esto permite a las organizaciones gestionar el control de acceso federado en un entorno familiar.

5. Compatibilidad con protocolos estándar: ADFS es compatible con protocolos de identidad web estándar como SAML (Security Assertion Markup Language), WS-Federation y OAuth, lo que lo hace compatible con una amplia gama de aplicaciones y servicios.
6. Secure Token Service (STS): ADFS funciona como un Servicio de Token de Seguridad (STS) que emite tokens a los clientes en nombre de los usuarios autenticados. Estos tokens contienen declaraciones que describen al usuario y pueden utilizarse para acceder a las aplicaciones de forma segura.
7.

    Páginas de inicio de sesión personalizables: Las organizaciones pueden personalizar las páginas de inicio de sesión de ADFS para alinearlas con sus requisitos de marca y experiencia de usuario, proporcionando una experiencia de inicio de sesión integrada y sin problemas para los usuarios.

8.

    Compatibilidad con autenticación multifactor: ADFS es compatible con la autenticación multifactor (MFA), lo que añade una capa adicional de seguridad al requerir que los usuarios proporcionen múltiples formas de verificación antes de obtener acceso.

Casos de uso

- Colaboración empresarial: ADFS permite a las empresas colaborar más eficazmente con socios externos, proveedores y clientes al permitir un acceso seguro a las aplicaciones internas sin necesidad de gestionar cuentas de usuario externas.
- Acceso a la nube híbrida: Para las organizaciones con un entorno de nube híbrida, ADFS facilita el acceso seguro tanto a las aplicaciones locales como a las basadas en la nube, garantizando una experiencia de usuario coherente.
- Acceso móvil: ADFS admite el acceso seguro desde dispositivos móviles, lo que permite a los usuarios acceder a las aplicaciones corporativas sobre la marcha manteniendo los controles de seguridad.

- Cumplimiento y auditoría: El uso de ADFS puede ayudar a las organizaciones a cumplir los requisitos de conformidad relacionados con la gestión y el control del acceso, ya que proporciona funciones detalladas de registro y auditoría.

Ventajas

- Seguridad mejorada: Al habilitar SSO y MFA, ADFS reduce el riesgo de infracciones de seguridad relacionadas con contraseñas, al tiempo que garantiza que el acceso a los recursos se gestiona de forma segura.

- Mejora de la productividad de los usuarios: Los usuarios se benefician de un acceso simplificado a las aplicaciones y servicios, reduciendo los problemas de inicio de sesión y las llamadas al servicio de asistencia.

- Reducción de la carga administrativa: ADFS minimiza la necesidad de gestionar múltiples cuentas de usuario y contraseñas, reduciendo la sobrecarga administrativa y la complejidad.

- Flexibilidad y escalabilidad: ADFS es altamente flexible y puede escalarse para satisfacer las necesidades de organizaciones de todos los tamaños, soportando una amplia gama de aplicaciones y servicios.

ADFS es una potente herramienta para gestionar identidades y accesos federados, que permite a las organizaciones ampliar el alcance de sus entornos de Active Directory más allá de sus límites organizativos. Al admitir protocolos estándar y ofrecer funciones como SSO, MFA y autenticación basada en reclamaciones, ADFS proporciona una forma segura, eficiente y fácil de usar de acceder a aplicaciones en entornos web, de nube y móviles. A medida que las empresas continúan colaborando más estrechamente con entidades externas y adoptan estrategias de nube híbrida, ADFS sirve como componente crítico para gestionar el acceso y la identidad de forma segura y eficaz.

Identidad en la nube

La computación en nube ha transformado la forma en que desarrollamos y desplegamos las aplicaciones, ya que la mayoría funcionan ahora en la nube y se ofrecen como servicio. Esta transformación se extiende también al gobierno de las identidades. En el pasado, las organizaciones eran responsables de todos los aspectos de la gestión de identidades, desde la compra de hardware hasta la instalación de software y la formación de un equipo para su funcionamiento y mantenimiento. Sin embargo, la llegada de los servicios en la nube ha cambiado este paradigma. Las soluciones de identidad basadas en la nube proporcionan estos servicios en su nombre, simplificando el proceso de gestión y reduciendo los costes.

Una de las ventajas destacadas de adoptar servicios de identidad en la nube es su capacidad para escalar sin esfuerzo. A medida que una empresa se expande, crece la demanda de recursos adicionales. Los servicios de identidad en la nube satisfacen esta necesidad escalando fácilmente para admitir más usuarios y dispositivos sin necesidad de infraestructura adicional, una característica realmente ventajosa. Además, la identidad en la nube aumenta la productividad al ofrecer a los usuarios un acceso rápido y seguro a sus aplicaciones desde cualquier lugar y dispositivo, una ventaja fundamental en la era actual del trabajo remoto ubicuo.

Sin embargo, esta comodidad conlleva sus propios retos. Aunque es beneficioso que otra entidad gestione estos complejos sistemas, depender de proveedores externos significa que cualquier interrupción del servicio que sufran afecta directamente a sus operaciones. En caso de interrupción, la resolución y el restablecimiento de los servicios no están en sus manos, y un tiempo de inactividad prolongado puede interrumpir significativamente el acceso a aplicaciones esenciales. Además, hay que tener en cuenta la privacidad de los datos. Crear identidades digitales implica recopilar una gran cantidad de información personal, que luego se confía a un servicio en la nube de terceros para que la gestione.

El paso a la gestión de identidades basada en la nube marca un cambio significativo en la forma de proteger y gestionar las identidades, que está a punto de crecer a medida que avancen los esfuerzos de transformación digital en las organizaciones. Ahora, considere el escenario en el que se le encarga debatir las ventajas e inconvenientes de la identidad en la nube en una presentación, destacando especialmente cómo aborda el reto de satisfacer la creciente demanda de los usuarios.

GESTIÓN DE PERMISOS DE LA INFRAESTRUCTURA EN LA NUBE (CIEM)

La Gestión de Derechos de Infraestructura en la Nube (CIEM) es una metodología de seguridad específica diseñada para supervisar las identidades y su acceso dentro de marcos en la nube y multi-nube. Esto lo abarca todo, desde aplicaciones y bases de datos hasta sistemas de compartición de archivos: básicamente, cualquier activo basado en la nube viene con un derecho asociado, que se asigna a un usuario, ya sea directamente o a través de una estructura jerárquica. Por ejemplo, a Marta se le puede conceder directamente el derecho de administrador, o puede pertenecer a un grupo de "administradores", que está vinculado a un rol de servidor asociado con el derecho de administrador, concediéndole en última instancia derechos de administrador sobre un recurso en la nube.

Pero, ¿por qué importa esto? La naturaleza de los recursos en la nube es intrínsecamente dinámica y de acceso universal, lo que convierte la gestión de los permisos de acceso en un reto complejo. Cada proveedor de servicios en la nube ofrece un modelo de acceso único y un método para asignar el acceso de los usuarios. A medida que la computación en nube se vuelve omnipresente, es crucial comprender cómo gestionar y supervisar eficazmente el acceso para prevenir las violaciones de datos y las amenazas a la ciberseguridad. Aquí es donde interviene CIEM, que ofrece información sobre los derechos de acceso en los entornos de nube, aclarando quién tiene acceso a recursos específicos y las razones para ello.

Tal vez se pregunte en qué se diferencia esto de la gobernanza de la identidad, tema principal de este libro. En efecto, su observación es acertada. Esto nos lleva de forma natural a nuestro siguiente punto de debate: cómo el Gobierno y la Administración de Identidades (IGA) se integran con CIEM para crear un enfoque global de la gestión y la seguridad de la identidad y el acceso en la nube.

Consideremos los emparejamientos icónicos, de esos en los que mencionar uno trae inevitablemente a la mente al otro. A la cabeza de la lista, podríamos pensar en la mantequilla de cacahuete y la mermelada, una combinación clásica. Del mismo modo, aunque con menos inclinación culinaria, CIEM e IGA forman una pareja perfecta en el ámbito de la ciberseguridad. Aunque puede que no deleiten el paladar, su sinergia es esencial para proteger los entornos en la nube. CIEM se especializa en ofrecer información precisa sobre quién tiene acceso a recursos específicos basados en la nube, lo que permite la visibilidad de los recursos, los permisos y sus propietarios. Sin embargo, reconocer estos detalles es sólo el principio; el verdadero reto está en la gobernanza.

Para gestionar eficazmente el acceso, una organización debe navegar por el ciclo de vida de los permisos, asegurándose de que se alinean con las políticas de la organización y están sujetos a revisiones periódicas de acceso. Así, CIEM se convierte en una faceta crucial de un marco más amplio de gobernanza de la identidad, iluminando la estructura de los recursos en la nube para una mejor gestión.

Tomemos el ejemplo de Acme, que integra sus entornos de Amazon Web Services (AWS) y Okta. Al establecer una federación entre Okta y AWS, los empleados pueden acceder sin problemas a AWS a través de Okta sin tener que repetir los inicios de sesión, con sus atributos de Okta, incluyendo la pertenencia a grupos, reflejados en AWS. Esta integración permite a los administradores de Acme ajustar dinámicamente los permisos de AWS en función de los cambios en la pertenencia a grupos de Okta, un proceso sencillo y eficaz.

Sin embargo, surge un pequeño inconveniente: la correlación directa entre los grupos de Okta y los permisos específicos de AWS que conceden no siempre está clara. Al realizar revisiones de acceso en el sistema IGA de Acme, los administradores pueden ver las pertenencias a grupos de Okta, pero es posible que no comprendan todo el alcance de los permisos en la nube que conllevan esos grupos. La incorporación de un sistema CIEM aclara esta situación al hacer transparente la conexión entre los grupos de Okta y los permisos de AWS.

Juntos, CIEM e IGA refuerzan la gestión de accesos, combinando una amplia supervisión con el detalle crucial para comprender los derechos de acceso. Esta combinación garantiza que las organizaciones puedan gestionar y proteger el acceso sin pasar por alto las complejidades de quién tiene acceso a qué en la nube.

Métodos de defensa IAM

Gobernanza de identidades

El gobierno de identidades orquesta el control de acceso dentro de un entorno corporativo, supervisando cada inicio de sesión, contraseña, grupo, función y privilegio. Esencialmente, si se utiliza para el acceso, exige no sólo la supervisión, sino también la verificación de que se ajusta a la función adecuada. Garantiza el cumplimiento de las normas reglamentarias y mantiene el orden en la gestión. Comparable a un lavavajillas vital en una cocina ajetreada, la gobernanza de identidades equipa a las organizaciones para centralizar y automatizar la supervisión de estos elementos. Hay tres objetivos clave de la gobernanza de identidades. He aquí un desglose de los mismos. El primer objetivo es garantizar que los individuos posean el acceso necesario para sus funciones laborales, gestionado a través del aspecto de gestión de funciones de un marco de gobierno de identidades. Esto implica la asignación de permisos agrupados en roles asignados a los usuarios en función de los requisitos de su puesto de trabajo. El segundo objetivo es simplificar el flujo de trabajo de la gestión de accesos, facilitado por la gestión de solicitudes de acceso. Esta función agiliza el proceso de solicitud de acceso por parte de los usuarios y la concesión de autorizaciones por parte de los administradores y gestores, garantizando que todas las solicitudes estén documentadas.

El tercer objetivo se centra en mantener el cumplimiento de la normativa legal, lo que se consigue mediante una síntesis de todos los componentes, especialmente a través de las certificaciones de acceso y la gestión de políticas. Por lo tanto, la gobernanza de identidades sirve como mecanismo esencial en el sector de la gestión de identidades y accesos, permitiendo a las organizaciones supervisar todas las identidades internas, regular sus permisos de acceso y garantizar el cumplimiento de forma sistemática. Profundicemos ahora en la importancia de este proceso.

Las grandes empresas o las que pertenecen a sectores específicos se enfrentan a menudo al reto de cumplir determinadas normas reglamentarias. Para simplificar estas obligaciones, los proveedores de software han desarrollado herramientas que ayudan a gestionar estas complejidades. Tomemos, por ejemplo, la organización conocida como Acme. Esta entidad tiene 100 empleados, entre ellos cinco administradores que requieren un acceso más amplio que el resto de empleados. Acme pretende garantizar que cada nuevo empleado reciba el acceso preciso necesario para su función desde el primer día.

Pensemos en Susana, que se incorpora a Acme como ingeniera de software. Necesita acceso a plataformas como GitHub y AWS para sus tareas diarias, pero no necesita acceder a las funciones administrativas de los sistemas de finanzas o RRHH. Al aprovechar una solución de Gobierno y Administración de Identidades (IGA), Acme puede agilizar el proceso de concesión de derechos de acceso adecuados a los empleados, garantizando que el acceso se configure con precisión y prontitud en su fecha de inicio.

La gestión de accesos implica un esfuerzo administrativo considerable, que incluye la creación de cuentas de usuario, la supervisión del acceso a las cuentas, la gestión de las solicitudes de acceso, la obtención de aprobaciones para las asignaciones de cuentas y, lo que es más importante, la garantía del cumplimiento mientras se generan informes para las auditorías. De forma manual, este proceso podría prolongarse durante semanas, un plazo poco práctico para la mayoría. Sin embargo, un sistema IGA puede automatizar estas tareas, reduciendo el proceso a meros minutos. Esta eficacia no sólo ahorra tiempo, sino que también reduce a la mitad la carga de trabajo.

Así pues, ha llegado el momento de evaluar las prácticas de gestión de acceso de su organización. Considere las normativas que debe cumplir, el tiempo que tarda en conceder el acceso necesario y cómo la IGA podría mejorar la eficacia de su organización en estos ámbitos.La gestión de identidades y accesos abarca más que una única operación o tecnología; es un marco integrado de sistemas y procesos que funcionan de forma concertada. En este marco, la gestión de identidades es un componente fundamental. Cada elemento de IAM desempeña un papel vital en la protección de una organización, con el gobierno de identidades en su núcleo, garantizando el cumplimiento y la eficiencia. Al igual que en nuestro escenario de la discoteca, cada componente de IAM se integra perfectamente con los demás para proteger los activos de una organización. Reflexione sobre cómo están estructurados estos elementos de IAM dentro de su propia organización.

Defensa en profundidad

La defensa en profundidad, en su esencia, encarna un enfoque de seguridad multicapa que evita depender de un único perímetro de seguridad para proteger su entorno de forma integral. En su lugar, integra múltiples capas de defensa para frustrar el acceso no autorizado, incluso si una capa es violada. Profundicemos en la defensa en profundidad desde una perspectiva interna, empezando por la seguridad de los datos.

Dentro de la capa de datos, las medidas de seguridad implican controlar el acceso a los datos de la empresa y de los clientes, empleando el cifrado para salvaguardar los datos en reposo, en tránsito o durante su uso. Al pasar a la capa de aplicaciones, se hace hincapié en garantizar que las aplicaciones estén verificadas, sean seguras y carezcan de vulnerabilidades. Mientras tanto, en la capa informática, la protección del acceso a las máquinas virtuales implica cerrar determinados puertos, desplegar protecciones basadas en el host, como antimalware y cortafuegos, y fortalecer los puntos finales de los clientes para garantizar la seguridad de los puntos finales de acceso de los usuarios.

La seguridad de la red abarca medidas como la segmentación de la red y los controles de acceso para restringir la comunicación de recursos. En el perímetro de seguridad se despliega un conjunto de controles para evitar ataques, incluida la mitigación de la denegación de servicio distribuida (DDoS) para interceptar ataques a gran escala antes de que interrumpan el servicio. Estos controles pueden incluir cortafuegos o sistemas de prevención de intrusiones.

Los controles de identidad y acceso, como la autenticación multifactor y el control de acceso basado en roles, junto con políticas como la gestión de cambios, refuerzan aún más la seguridad. Además, las medidas de seguridad física, como el acceso restringido a los centros de datos, son cruciales para limitar el acceso únicamente al personal autorizado.

La implantación de nuestras herramientas y nuestra estrategia de seguridad deben alinearse con los objetivos de la tríada CIA. La confidencialidad garantiza que los datos sensibles, como los registros de clientes o la información financiera, sigan siendo confidenciales. La integridad salvaguarda la integridad de los datos, garantizando que los mensajes recibidos coinciden con los enviados. La disponibilidad, la última pata de la tríada, garantiza que los usuarios autorizados puedan acceder a los datos cuando lo necesiten.

En conclusión, es esencial comprender los fundamentos de la defensa en profundidad y su intersección con conceptos como la confianza cero y la seguridad de los datos.

Superficie de amenazas y métodos de ataque a los que se enfrentan las áreas IAM

Los sistemas de gestión de identidades y accesos (IAM) son componentes críticos de la infraestructura de seguridad informática de una organización, ya que gestionan las identidades de los usuarios y controlan el acceso a los recursos. Sin embargo, los sistemas IAM no son inmunes a las amenazas. A continuación se ofrece una lista exhaustiva de los posibles métodos de ataque o amenazas a los que pueden enfrentarse estos sistemas:

1. **Ataques de phishing**: Los ciberdelincuentes utilizan correos electrónicos de phishing para engañar a los usuarios para que revelen sus credenciales de inicio de sesión, que luego se pueden utilizar para obtener acceso no autorizado a sistemas y datos.
2. **Ataques a contraseñas**: Esto incluye ataques de fuerza bruta (probando todas las combinaciones posibles), ataques de diccionario (utilizando una lista preestablecida de contraseñas probables) y relleno de credenciales (utilizando pares de nombre de usuario y contraseña previamente violados).
3. **Ataques de intermediario (MitM)**: Los atacantes interceptan comunicaciones legítimas entre un usuario y un sistema IAM para capturar credenciales o manipular transacciones.
4. **Secuestro de** sesión: Los ciberdelincuentes explotan los mecanismos de control de sesión, robando o manipulando tokens de sesión para obtener acceso no autorizado a los sistemas.
5. **Escalada de privilegios**: Los atacantes explotan fallos en sistemas o aplicaciones para obtener derechos de acceso elevados más allá de lo previsto.
6. **Suplantación de identidad**: Hacerse pasar por otro usuario falsificando datos de identidad, a menudo para obtener acceso o privilegios no autorizados.
7. **Amenazas internas**: Empleados malintencionados o descontentos utilizan indebidamente sus derechos legítimos de acceso para robar datos o sabotear sistemas.

8. **Ingeniería social**: Más allá del phishing, incluye el pretexto, el señuelo y otras prácticas engañosas destinadas a manipular a las personas para que divulguen información confidencial.

9. **Vulnerabilidades de día cero**: Explotar vulnerabilidades desconocidas en el software IAM antes de que sean parcheadas.
10. **Malware**: Incluyendo spyware, keyloggers y troyanos diseñados para infiltrarse en los sistemas para robar credenciales o manipular los procesos de IAM.
11. **Fallos en las aplicaciones**: Explotación de vulnerabilidades en el diseño e implementación de soluciones IAM, como inyección SQL o cross-site scripting (XSS) en aplicaciones web.
12. **Defectos de seguridad de la API**: Atacar APIs mal protegidas que interactúan con sistemas IAM, exponiendo potencialmente información sensible o permitiendo accesos no autorizados.
13. **Enumeración de cuentas y cuentas de usuario adivinables**: Uso de métodos automatizados para descubrir cuentas de usuario válidas a través de mensajes de error o esquemas de creación de ID de usuario predecibles.
14. **Robo o falsificación de tokens**: Robo o falsificación de tokens de autenticación o cookies para suplantar una sesión de usuario legítima.
15. **Ataques de denegación de servicio (DoS)**: Abrumar los sistemas IAM con peticiones excesivas, impidiendo a los usuarios legítimos acceder a los recursos.
16. **Ataques a la cadena de suministro**: Comprometer componentes o servicios de terceros integrados con los sistemas IAM para obtener acceso o interrumpir los servicios.
17. **Desconfiguraciones de la infraestructura** en la nube: Aprovechamiento de configuraciones erróneas en implementaciones de IAM basadas en la nube, que conducen a accesos no autorizados o exposición de datos.
18. **Ataques potenciados por IA**: Uso de IA y aprendizaje automático para automatizar los métodos de ataque, haciéndolos más eficientes y difíciles de detectar.

Para detectar y mitigar estas amenazas, las medidas de seguridad IAM eficaces deben ser multicapa e incorporar políticas sólidas, auditorías periódicas, formación de los usuarios y tecnologías de seguridad avanzadas.

MÉTODOS DE REPARACIÓN Y DEFENSA EN EL ÁMBITO IAM

En el ámbito de la gestión de identidades y accesos (IAM), la defensa frente a las amenazas y la aplicación de estrategias de corrección son fundamentales para salvaguardar los activos digitales de una organización. A continuación se ofrece una lista de métodos de defensa y soluciones clave en el ámbito de la gestión de identidades y accesos (IAM), adaptados para hacer frente a la miríada de amenazas a las que pueden enfrentarse estos sistemas:

Mecanismos de autenticación fuerte

Implementación: Utiliza la autenticación multifactor (MFA) para añadir capas de seguridad más allá de las simples contraseñas. Esto puede incluir algo que el usuario sabe (contraseña), algo que el usuario tiene (token de seguridad, aplicación de smartphone) y algo que el usuario es (biometría).

Solución: Actualizar periódicamente los mecanismos de autenticación para incorporar las últimas tecnologías de seguridad y abordar las nuevas vulnerabilidades.

Aplicación periódica de la política de contraseñas

Aplicación: Aplique políticas de contraseñas sólidas que exijan complejidad, longitud y cambios periódicos.

Solución: Implementar políticas de bloqueo de cuentas después de un cierto número de intentos fallidos de inicio de sesión para evitar ataques de fuerza bruta.

Gestión de acceso privilegiado (PAM)

Implantación: Utilizar soluciones PAM para supervisar y controlar las cuentas privilegiadas, aplicando el principio del menor privilegio.

Corrección: Revise y revoque periódicamente los accesos privilegiados innecesarios, y utilice la supervisión de sesiones con fines forenses y de auditoría.

Gestión integral del ciclo de vida del usuario

Implantación: Automatice el proceso de incorporación y desincorporación para garantizar el aprovisionamiento y desaprovisionamiento oportunos del acceso de los usuarios.

Corrección: Realice revisiones y certificaciones de acceso periódicas para garantizar que los derechos de acceso están actualizados y son correctos.

Federación de identidades e inicio de sesión único (SSO)

Implantación: Implantar el SSO y la federación de identidades para minimizar la fatiga de contraseñas y reducir la superficie de ataque.

Solución: Supervise los sistemas federados de gestión de identidades para detectar comportamientos anómalos o infracciones, y actualice periódicamente los acuerdos de federación.

Formación sobre concienciación en materia de seguridad

Implantación: Lleve a cabo una formación periódica de concienciación sobre seguridad para todos los usuarios, centrándose en el phishing, la ingeniería social y las prácticas de contraseñas seguras.

Corrección: Actualice periódicamente el contenido de la formación para reflejar las últimas amenazas y las mejores prácticas.

Auditorías de seguridad y controles de conformidad periódicos

Puesta en práctica: Realice auditorías de seguridad y comprobaciones de cumplimiento periódicas para identificar y abordar las vulnerabilidades de los sistemas IAM.

Corrección: Implementar los controles y prácticas de seguridad recomendados identificados durante las auditorías para mitigar los riesgos identificados.

Segregación de funciones (SoD)

Implantación: Implantar políticas de SoD en los procesos de IAM para prevenir el fraude y reducir el riesgo de acceso no autorizado.

Corrección: Revisar y ajustar periódicamente los controles de SoD para alinearlos con los cambios en los procesos y funciones empresariales.

La adopción de estos métodos de defensa y estrategias de corrección puede mejorar significativamente la postura de seguridad IAM de una organización, haciéndola más resistente frente a las amenazas y capaz de responder eficazmente a los incidentes.

ATAQUES DE INGENIERÍA SOCIAL

Los profesionales de la seguridad de la información no sólo se enfrentan a amenazas digitales, sino también a peligros centrados en el ser humano, como la ingeniería social, que figura entre los riesgos más insidiosos. La ingeniería social aprovecha la manipulación psicológica para obligar a las personas a comprometer la seguridad, por lo que resulta difícil defenderse de ella. Por ejemplo, un atacante que se haga pasar por un técnico del servicio de asistencia puede engañar a un usuario para que revele su contraseña por teléfono.

Estos ataques son similares a una estafa y tienen éxito por varias razones, como la autoridad, la intimidación, el consenso, la escasez, la urgencia y la familiaridad. Los estudios psicológicos demuestran sistemáticamente que las personas tienden a ceder ante quienes proyectan autoridad, como demuestra el famoso experimento de

Stanley Milgram. Del mismo modo, el hacker Kevin Mitnick relata un incidente en el que un ingeniero social se infiltró en el centro de seguridad de un casino exudando autoridad, lo que provocó la conformidad del personal.

La intimidación es otra táctica eficaz, en la que se coacciona a las personas mediante el miedo y las amenazas para que obedezcan. Por ejemplo, un ingeniero social podría hacerse pasar por un asistente administrativo que exige el restablecimiento de la contraseña de un ejecutivo, empleando tácticas de intimidación para presionar al personal del servicio de asistencia.

El consenso explota la mentalidad de rebaño, en la que los individuos siguen el comportamiento de otros en situaciones inciertas. La escasez manipula a los individuos para que actúen precipitadamente y aprovechen las oportunidades percibidas, como se ve en los lanzamientos de electrónica de consumo. La urgencia crea presión para actuar con rapidez fabricando escenarios en los que el tiempo apremia, como fingir ser un técnico de red que requiere acceso inmediato.

Por último, la familiaridad o la simpatía juegan un papel importante, ya que la gente está más dispuesta a obedecer a quienes le caen bien. Los ingenieros sociales se aprovechan de ello estableciendo una buena relación mediante halagos y relaciones falsas.

Educar a los usuarios sobre estas tácticas es crucial para la defensa de la organización. Todo el mundo debe estar alerta contra los intrusos que utilizan la autoridad, la intimidación, el consenso, la escasez, la urgencia y la familiaridad para extraer información sensible. En este contexto, la cautela es primordial.

ATAQUES DE SUPLANTACIÓN DE IDENTIDAD

Profundicemos en cómo el spam, junto con diversos bulos, sirve como potente herramienta de ingeniería social mediante tácticas de suplantación de identidad. El spam, también conocido como correo electrónico comercial no solicitado (UCE, por sus siglas en inglés), engloba mensajes no solicitados utilizados con fines de marketing o suplantación de identidad. Aunque gran parte de él infringe la Ley CAN-SPAM, resulta difícil perseguir a los infractores debido a las dificultades de identificación.

El phishing, un subconjunto del spam, tiene como objetivo extraer información confidencial, como contraseñas, de los usuarios. Los mensajes de phishing, que suelen formar parte de ataques de mayor envergadura, engañan a los usuarios para que divulguen datos confidenciales, a menudo a través de formularios o enlaces falsos. Los ingenieros sociales refuerzan la legitimidad de los mensajes añadiendo etiquetas, como la etiqueta "seguro", que sugieren un control por parte de las medidas antiphishing, aunque estas etiquetas son añadidas por los atacantes.

El robo de credenciales representa una amenaza importante, ya que los usuarios suelen reutilizar las contraseñas en varias plataformas. El spear phishing, una forma muy selectiva de phishing, adapta los ataques a grupos específicos, como los empleados de una pequeña empresa, lo que aumenta las tasas de éxito. El whaling, un subconjunto del spear phishing, se dirige a altos ejecutivos para ganar influencia o autoridad, a menudo empleando tácticas como documentos legales falsos.

Las estafas de facturas, una variante frecuente del spear phishing, pretenden engañar a los departamentos de supervisión para que paguen facturas falsas. Los ataques de pharming intensifican los esfuerzos de phishing mediante la creación de sitios web falsos, a menudo imitando a los legítimos, para recopilar las credenciales de los usuarios. El vishing, o phishing de voz, implica ingeniería social a través de llamadas telefónicas para extraer información sensible, mientras que el smishing utiliza servicios de mensajería instantánea para propagar spam y mensajes de phishing.

Los atacantes emplean técnicas de suplantación para disfrazar sus identidades, falsificando correos electrónicos, identificadores de llamadas o mensajes SMS. Si bien algunos intentos de ingeniería social pueden parecer rudimentarios, su éxito depende de que logren penetrar en una sola víctima. Por ello, la educación y la concienciación son defensas primordiales contra este tipo de ataques.

FRAUDES DE IDENTIDAD

La usurpación de identidad es un problema generalizado que afecta más a los particulares que a las grandes organizaciones, con el objetivo de apropiarse de información personal con fines fraudulentos, como abrir cuentas falsas o robar fondos. Las estadísticas relativas al robo de identidad son preocupantes, con un aumento significativo de los casos denunciados en los últimos años, como demuestran los datos de la Red Centinela del Consumidor de la Comisión Federal de Comercio.

El pretexto destaca como táctica principal en las tramas de usurpación de identidad. En el pretexto, el delincuente se pone en contacto con una tercera entidad haciéndose pasar por la víctima para obtener acceso a sus cuentas. Esta táctica suele ser la fase inicial de una operación más amplia de usurpación de identidad. Por ejemplo, consideremos un escenario en el que un atacante, llamado Jan, se dirige a una víctima, Joseph, con el objetivo de acceder a la cuenta bancaria de Norm. Jan sabe que es difícil adivinar directamente la contraseña de Norm, por lo que recurre a tácticas de ingeniería social.

En primer lugar, Jan se entera de que el banco de Norm ofrece la opción de restablecer la contraseña mediante verificación por SMS a un número de teléfono registrado. Al no poder acceder al teléfono de Norm, Jan llama a su proveedor de telefonía para intentar convencerle de que transfiera el número de Norm a un nuevo dispositivo. Aunque Jan fracasa inicialmente debido a las preguntas de seguridad, recurre a las redes sociales en busca de pistas. Al descubrir los hábitos vacacionales de Norm y el nombre de su mascota en publicaciones públicas, Jan vuelve a llamar al proveedor haciéndose pasar por Norm y responde con éxito a las preguntas de seguridad utilizando la información obtenida.

Con el número de teléfono de Norm transferido al dispositivo de Jan, ésta activa el proceso de restablecimiento de contraseña del banco. El banco envía una contraseña al teléfono vinculado, lo que permite a Jan restablecer la contraseña bancaria de Norm y obtener acceso no autorizado a su cuenta. El pretexting plantea un reto importante a las estrategias de defensa debido a su naturaleza polifacética, que requiere vigilancia en cada paso del proceso de autenticación. Las organizaciones deben examinar sus protocolos de autenticación en busca de vulnerabilidades susceptibles de ataques de pretexto.

WATERING HOLE

Los ataques de abrevadero emplean tácticas astutas para atraer a usuarios desprevenidos y contaminar sus sistemas con malware. En la naturaleza, los abrevaderos sirven de punto de reunión para los animales, especialmente en regiones áridas donde el agua escasea. Aunque son esenciales para la supervivencia, los abrevaderos plantean riesgos: las enfermedades pueden propagarse fácilmente debido a las fuentes de agua compartidas, y los depredadores suelen estar al acecho para emboscar a las presas vulnerables.

Del mismo modo, en el ámbito digital, los sitios web sirven de abrevaderos para la propagación de programas maliciosos. Cuando los usuarios visitan un sitio web, inherentemente depositan cierto nivel de confianza en él, algo parecido a acercarse a un conocido en lugar de interactuar con un extraño. Los navegadores web, junto con sus complementos y extensiones, presentan puntos comunes de vulnerabilidad y son objetivos frecuentes de explotación en este tipo de ataques.

Los ataques de tipo "watering hole" pertenecen a la categoría de ataques del lado del cliente, que aprovechan las vulnerabilidades del sistema del cliente en lugar de centrarse en los fallos de seguridad del servidor. Aunque estos ataques pueden desencadenar advertencias emergentes, los usuarios suelen ignorarlas haciendo clic en "Aceptar" por costumbre, concediendo inadvertidamente acceso al malware. Los atacantes se aprovechan de este comportamiento inyectando malware en sitios web legítimos, aprovechando la confianza de los usuarios en destinos en línea conocidos.

Sin embargo, los atacantes no pueden confiar únicamente en la creación de sus propios sitios maliciosos debido a dos razones principales. En primer lugar, tales sitios atraerían un tráfico mínimo, ya que los usuarios evitan las URL sospechosas. En segundo lugar, las medidas de seguridad como las listas negras identifican y bloquean los sitios maliciosos conocidos, frustrando los intentos de infectar a los usuarios. En cambio, en un ataque de tipo watering hole, los atacantes comprometen sitios web de confianza sin que sus propietarios lo sepan, aprovechándose de la confianza que los usuarios depositan en ellos.

Al ejecutar un ataque watering hole, el atacante compromete primero un sitio web objetivo frecuentado por su público objetivo. A continuación, selecciona un exploit cliente para vulnerar la seguridad del navegador de los visitantes e incrusta una carga útil de botnet para incluir los sistemas infectados en su botnet. A continuación, el atacante implanta el malware en el sitio web comprometido y espera pacientemente las conexiones de los sistemas infectados.

Los ataques de tipo Watering Hole plantean importantes amenazas, ya que se originan en sitios web de confianza, lo que dificulta a los usuarios discernir las intenciones maliciosas. Los atacantes que aprovechan este método pueden infiltrarse en sistemas muy específicos, aprovechando las interacciones involuntarias de las víctimas. Los propietarios de sitios web y los usuarios deben mantenerse alerta aplicando rápidamente los parches de seguridad para mitigar el riesgo de ser víctimas de ataques de tipo watering hole.

Ingeniería social IRL

Los ingenieros sociales suelen ejecutar sus tácticas a través de canales digitales, aunque a veces también recurren a métodos físicos. Exploremos tres métodos que emplean: el shoulder surfing, el dumpster diving y el tailgating.

El shoulder surfing, el primer método, es relativamente sencillo. En este caso, el atacante observa clandestinamente a la víctima mientras realiza tareas delicadas en su ordenador. Estos ataques no siempre son visibles, como cuando alguien echa un vistazo casual a la pantalla del portátil de un pasajero vecino en un avión o en un tren. Para mitigar el shoulder surfing hay que estar atento al entorno y utilizar filtros de privacidad en las pantallas de los portátiles para impedir la visión no autorizada desde los ángulos.

La basura contiene información valiosa, lo que convierte la búsqueda en los contenedores de basura en una tarea lucrativa para los ingenieros sociales. Las organizaciones suelen deshacerse de documentos que contienen datos confidenciales, lo que ofrece oportunidades propicias para su explotación. Si bien es raro recuperar contraseñas de la basura, es habitual encontrar documentos que revelan estructuras organizativas o cambios tecnológicos recientes, lo que refuerza la credibilidad de los posteriores planes de ingeniería social. Combatir la búsqueda en la basura es sencillo: las organizaciones deben destruir rigurosamente todos los documentos antes de deshacerse de ellos, para garantizar la confidencialidad de la información sensible.

Ir a rebufo, mal visto en las carreteras, supone una amenaza mayor en las oficinas. Aprovechando la cortesía humana, los ingenieros sociales se aprovechan de la inclinación de los individuos a mantener las puertas abiertas para otros, consiguiendo la entrada no autorizada en áreas seguras siguiendo de cerca a los titulares legítimos de tarjetas de identificación. La educación es la principal defensa contra el tailgating. Colocar carteles que adviertan de los peligros de seguir a los demás no sólo aumenta la concienciación, sino que también disuade a los posibles autores de intentar este tipo de tácticas.

Los ataques físicos de ingeniería social, aunque simplistas, pueden infligir daños significativos a las organizaciones. Afortunadamente, hacer frente a estas amenazas no es complicado. El empleo de filtros de privacidad, la aplicación de prácticas rigurosas de destrucción y el fomento de la concienciación a través de la educación pueden frustrar eficazmente los intentos de ingeniería social física.

La identidad como núcleo de la seguridad

Las filtraciones de datos parecen producirse con una frecuencia alarmante cada vez que ves las noticias o navegas por Internet. ¿Ha pensado alguna vez que las credenciales robadas suelen ser el principal punto de entrada para los piratas informáticos? Imagínese ser la persona que contribuye a establecer políticas destinadas a mitigar el riesgo de robo de identidad o a educar a las organizaciones sobre las mejores prácticas para salvaguardar sus credenciales. Si esta perspectiva le entusiasma, entonces una carrera como Gestor IAM podría ser perfecta para usted.

A lo largo de este libro, nos adentraremos en el papel de un gestor de IAM, explorando sus responsabilidades, habilidades esenciales, la importancia de la comunicación y la gestión de personas, y cómo sus decisiones afectan a la organización. Además, discutiremos estrategias para identificar puestos disponibles de Director de IAM y proporcionaremos orientación para conseguir uno.

QUÉ HACEN LOS PROFESIONALES DE IAM

Los profesionales de IAM desempeñan un papel crucial a la hora de asegurar las identidades digitales de una organización y garantizar que las personas adecuadas tengan acceso a los recursos adecuados en el momento adecuado y por las razones adecuadas. Sus responsabilidades abarcan una amplia gama de funciones, entre las que se incluyen:

1. **Gestión del ciclo de vida del usuario**: Supervisar todo el ciclo de vida de la identidad digital de un usuario dentro de una organización, desde la incorporación, los cambios de rol, hasta la baja.
2. **Control** de acceso: Implementar y gestionar los mecanismos de control de acceso para garantizar que los usuarios tengan los niveles de acceso adecuados en función de sus funciones y responsabilidades.
3. **Gestión de autenticación y autorización**: Establecer y gestionar procesos y herramientas que verifiquen las identidades de los usuarios y garanticen que se les concede acceso a los recursos apropiados.
4. **Desarrollo y aplicación de políticas**: Desarrollar, implementar y hacer cumplir las políticas de seguridad y acceso que se alinean con las necesidades de la organización y los requisitos de cumplimiento.
5. **Gestión de acceso privilegiado (PAM)**: Gestión y supervisión de los derechos de acceso de los usuarios privilegiados para reducir el riesgo de infracciones o uso indebido de información sensible.
6. **Sistemas de inicio de sesión único (SSO)**: Implantación y mantenimiento de soluciones SSO para agilizar el acceso de los usuarios manteniendo los controles de seguridad.
7. **Autenticación multifactor** (MFA): Despliegue de mecanismos MFA para mejorar la seguridad exigiendo múltiples formas de verificación a los usuarios cuando acceden a sistemas o datos sensibles.

8. **Federación** de identidades: Gestionar sistemas de federación de identidades para permitir el acceso seguro a través de diferentes límites organizativos o servicios en la nube.
9. Gestión **de** servicios de directorio: Administrar servicios de directorio (como Active Directory o LDAP) que almacenan información de usuario y gestionan la autenticación y autorización.
10. **Auditoría y cumplimiento**: Realización de auditorías periódicas de las prácticas y tecnologías de IAM para garantizar el cumplimiento de las políticas internas y las normativas externas.
11. **Evaluación y gestión de riesgos**: Identificar, evaluar y mitigar los riesgos asociados con el acceso de usuarios y la gestión de identidades.
12. **Respuesta a incidentes y análisis forense**: Responder a incidentes de seguridad relacionados con IAM, realizar análisis forenses para determinar la causa e implementar acciones correctivas.
13. **Diseño e implementación de soluciones** IAM: Diseñar, implementar y gestionar soluciones y arquitecturas IAM que cumplan con los requisitos de seguridad de la organización.
14. Educación y concienciación de **los** usuarios: Impartir formación y concienciar a los usuarios sobre las mejores prácticas de seguridad y la importancia de seguir las políticas de IAM.
15. **Evaluación de proveedores y tecnología**: Evaluar y seleccionar las herramientas y servicios de IAM de los proveedores, incluido el gobierno de identidades, el software de gestión de acceso y las soluciones de IAM en la nube.
16. **Análisis e inteligencia de identidades**: Uso de herramientas de análisis e inteligencia para supervisar, analizar e informar sobre las actividades relacionadas con IAM para detectar posibles amenazas a la seguridad o violaciones de políticas.

Los profesionales de IAM deben tener un profundo conocimiento de los aspectos técnicos y normativos de la gestión de identidades y accesos, así como estar al día de las últimas tendencias en seguridad, tecnologías y requisitos normativos para proteger eficazmente los activos de una organización.

En el ámbito de la IAM, una responsabilidad crucial es implantar procesos que salvaguarden los datos de los usuarios aplicando normativas como una política de contraseñas para toda la empresa. Quizá te estés preguntando: "¿Qué hace exactamente un gestor de IAM?". Pues bien, los gestores de IAM se encargan de desarrollar políticas y protocolos relativos a la gestión de usuarios. Esto implica determinar cómo se concede acceso a los usuarios, establecer directrices para la eliminación oportuna de las cuentas de usuario a su salida de la empresa, y colaborar con la alta dirección para garantizar el cumplimiento de las leyes y reglamentos pertinentes. Emocionante, ¿verdad? Sin embargo, ésta es sólo una de las muchas responsabilidades clave que recaen en el ámbito de un gestor de IAM.

Otro deber importante es modernizar las políticas de IAM para mantener el ritmo de las tecnologías emergentes. Esto implica garantizar que las nuevas aplicaciones se ajusten a las políticas existentes y abordar la integración de nuevas fusiones o adquisiciones en el marco de la organización. Además, una responsabilidad primordial es gestionar el equipo de IAM, garantizando su preparación para el éxito y su alineación con las políticas de la organización.

Tal vez se pregunte si se necesitan conocimientos técnicos para este puesto. ¿Necesitas dominar Python o ser experto en piratería informática con Kali Linux? Le aseguro que no es un requisito imprescindible. He colaborado con numerosos profesionales de IAM de gran prestigio, algunos de los cuales proceden de entornos no técnicos o carecen de titulación universitaria. Aunque una formación técnica puede ayudar a comunicar eficazmente los problemas a la alta dirección, la esencia de la IAM radica más en la concepción de procesos eficaces para la gestión del acceso de los usuarios que en el dominio de la codificación. Las discusiones y decisiones en torno a la gestión de acceso de usuarios y permisos de red a menudo tienen un mayor impacto en una organización que las complejidades técnicas.

Además, el papel de un gestor de IAM se extiende a la colaboración con otros equipos de la división de seguridad informática de la organización. Las políticas de IAM deben formularse con las aportaciones del equipo de operaciones de seguridad y del equipo de gobierno, riesgo y cumplimiento (GRC). Una colaboración eficaz implica comunicar las decisiones de forma clara y comprensible, desprovista de jerga técnica o acrónimos, ya que no todo el mundo posee la misma formación técnica. Simplificar la comunicación garantiza que las iniciativas se ejecuten con eficacia.

En momentos de crisis, como un incidente de violación de datos a las 2:00 AM, es imperativo que los administradores de IAM estén equipados con un libro de jugadas que describa las políticas de IAM de la organización. Este manual, desarrollado en colaboración con el equipo de IAM y aprobado por otros responsables de TI, sirve como guía para responder a situaciones específicas, posicionando así a la organización para el éxito y minimizando los riesgos potenciales.

GESTOR IAM COMO PARTE DEL BLUE TEAM

En el ámbito de la ciberseguridad, existen distintos equipos: el equipo rojo, encargado de penetrar en los sistemas mediante la piratería informática; el equipo azul, responsable de reforzar las defensas contra los piratas informáticos; y el equipo morado, que amalgama las estrategias de ambos. Como gestores de IAM, nos alineamos con los objetivos del equipo azul.

Mi atención se centra en dilucidar cómo los gestores de IAM salvaguardan las identidades y mitigan las vulnerabilidades. Nuestro objetivo primordial es proteger los activos de nuestra empresa y a nuestros empleados. Para lograrlo, debemos erigir salvaguardas, como aplicar políticas de contraseñas sólidas, implantar la autenticación multifactor y someter a los usuarios con privilegios a certificaciones más frecuentes que los usuarios normales.

Uno de los retos a los que se enfrentan los gestores de IAM es encontrar el equilibrio entre proteger a los usuarios y evitar una complejidad excesiva que pueda suponer una carga para ellos. Si bien aspiramos a maximizar la seguridad, unas medidas de seguridad excesivamente engorrosas podrían suscitar quejas de los usuarios finales o, lo que es peor, incitarles a recurrir a arriesgadas soluciones alternativas susceptibles de ser explotadas por agentes maliciosos.

Para hacer frente a este reto, los responsables de IAM colaboran estrechamente con los equipos de gobernanza, riesgo y cumplimiento

(GRC) para diseñar políticas y directrices destinadas a minimizar el riesgo de infiltración en la red. Las políticas que son fácilmente comprensibles tienen más probabilidades de obtener el cumplimiento de los usuarios finales.

No es realista suponer que todas las empresas son inmunes a los intentos de pirateo. Por lo tanto, los responsables de IAM deben desarrollar un libro de jugadas en el que se describan los pasos que da nuestro equipo en respuesta a las sospechas de infracciones. Este manual debe delinear los sistemas clave que gestionan las identidades de los usuarios finales, enumerar los usuarios con derechos administrativos capaces de interrumpir los sistemas críticos y ser revisado anualmente por todos los miembros del equipo de IAM para garantizar una comprensión global y la alineación de las funciones.

Llevar a cabo ejercicios de simulación de violaciones y ejecutar el libro de jugadas ayuda a mejorar la eficiencia del equipo y a identificar cualquier área que requiera mejoras. Como bien dijo Bruce Schneier, "Los aficionados piratean sistemas, los profesionales piratean personas". Como gestores de IAM y miembros del equipo azul, nuestro principal objetivo es salvaguardar a nuestros usuarios. A través de la colaboración con equipos como GRC, establecemos políticas y normas eficaces, mientras que los libros de jugadas bien definidos permiten detectar y mitigar rápidamente las brechas, minimizando así los daños potenciales. ¿No es fascinante desempeñar el papel defensivo?

DECISIONES COMO PARTE DE UN EQUIPO IAM

Imagine una situación en la que los usuarios finales deban conectarse a la red de su empresa cada 15 minutos. ¿Lo considera excesivo o necesario? Esta decisión política es sólo una de las muchas que debe tomar un gestor de gestión de acceso a identidades (IAM). Como profesional de IAM, debe tener en cuenta tanto las perspectivas de los usuarios finales como los problemas de seguridad.

Desde el punto de vista del usuario final, la necesidad de volver a autenticarse cada 15 minutos puede convertirse rápidamente en una carga y provocar reacciones negativas. Sin embargo, desde el punto de vista de la seguridad, los inicios de sesión frecuentes sirven para disuadir a los agentes malintencionados que intentan acceder sin autorización. Al exigir una autenticación continua a los usuarios finales, se mitiga eficazmente el riesgo de infracción.

Consideremos otro ejemplo de política que los profesionales de IAM podrían contemplar aplicar: una política de contraseñas estricta que exija contraseñas con un mínimo de 18 caracteres, que restablezca las contraseñas cada 90 días y que exija a los usuarios introducir un código que cambie cada 30 segundos. ¿Qué le parecería a usted, como usuario final, una política de este tipo? Antes de aplicar tales medidas, los profesionales de IAM deben sopesar cuidadosamente cómo percibirán los usuarios finales estos cambios.

Como usuarios finales, naturalmente preferimos la comodidad y la eficacia en nuestras tareas diarias. Tener que introducir largas contraseñas o cambiar constantemente de código puede resultar molesto. Del mismo modo, otros escenarios comunes, como las organizaciones que requieren que los usuarios instalen una aplicación en sus teléfonos inteligentes para la autenticación o el seguimiento de la ubicación, pueden plantear preocupaciones sobre la privacidad en el entorno actual, donde la privacidad es un tema polémico.

A la hora de tomar decisiones políticas, es fundamental solicitar la opinión de varios equipos. El equipo del servicio de asistencia, que es el primer punto de contacto para las quejas de los usuarios finales, ofrece información valiosa basada en las quejas habituales y las respuestas de los usuarios a las nuevas políticas. Además, es esencial implicar al equipo de operaciones de seguridad (SecOps). Este equipo puede evaluar la eficacia de las políticas propuestas para hacer frente a las vulnerabilidades y valorar si logran el equilibrio adecuado entre seguridad y comodidad para el usuario.

En esencia, cuando las decisiones afectan a los usuarios finales, es imperativo tener en cuenta los puntos de vista de los equipos más allá de IAM, como el servicio de asistencia y SecOps. Como profesionales de IAM, nuestro objetivo es lograr un equilibrio entre ofrecer una experiencia de usuario fluida y garantizar medidas de seguridad sólidas para disuadir posibles amenazas.

EMPLEOS Y FUNCIONES EN EL ÁREA DE IAM

La IAM abarca una amplia gama de puestos y funciones, cada uno de ellos fundamental para garantizar que las personas adecuadas tengan acceso a los recursos adecuados en el momento adecuado y por las razones adecuadas, de forma segura. A continuación se incluye una lista de puestos y funciones clave de IAM, junto con sus descripciones:

Analista IAM

Los analistas de IAM son responsables de los aspectos operativos diarios de la gestión y el mantenimiento de los sistemas IAM. Esto incluye el análisis de los registros del sistema, la resolución de problemas de acceso y la garantía de que los derechos de acceso de los usuarios cumplen con la política y los requisitos normativos. A menudo son la primera línea de apoyo para los problemas relacionados con el acceso.

Administrador IAM

Un Administrador IAM gestiona la solución e infraestructura IAM. Sus responsabilidades incluyen la configuración y gestión de los controles de acceso, el aprovisionamiento y desaprovisionamiento de cuentas de usuario, la configuración de SSO y MFA, y garantizar el buen funcionamiento de la plataforma IAM. Desempeñan un papel clave en la implementación y aplicación de las políticas de IAM.

Arquitecto IAM

Los arquitectos de IAM diseñan y supervisan la implementación de marcos y soluciones de IAM dentro de una organización. Evalúan los requisitos empresariales, seleccionan las herramientas y tecnologías IAM adecuadas y diseñan una arquitectura IAM que se ajuste a las políticas y objetivos de seguridad de la organización. Su trabajo garantiza la escalabilidad, fiabilidad y seguridad de los servicios de IAM.

Ingeniero IAM

Los ingenieros de IAM son responsables del despliegue técnico y la integración de las soluciones de IAM. Trabajan en estrecha colaboración con los arquitectos de IAM para implementar la arquitectura de IAM, incluyendo la personalización y configuración de los productos de IAM, el desarrollo de scripts de integración y la garantía de la interoperabilidad del sistema. Su experiencia es crucial para traducir los diseños de IAM en sistemas funcionales.

Gestor de proyectos IAM

Un gestor de proyectos IAM supervisa los proyectos IAM desde su concepción hasta su finalización. Se encarga de la coordinación entre las distintas partes interesadas, gestiona los plazos y presupuestos y garantiza que los proyectos IAM cumplan sus objetivos. Su papel implica una importante planificación, comunicación y liderazgo para ofrecer con éxito soluciones IAM.

Consultor IAM

Los consultores de IAM proporcionan asesoramiento experto y orientación sobre estrategias, tecnologías y mejores prácticas de IAM. Trabajan con las organizaciones para evaluar las necesidades de IAM, recomendar soluciones y ayudar a implementar proyectos de IAM. Los consultores suelen tener una amplia experiencia en diferentes plataformas y sectores de IAM.

Responsable de Cumplimiento de IAM

Los Oficiales de Cumplimiento de IAM aseguran que las políticas y prácticas de IAM cumplan con los requerimientos regulatorios y legales. Llevan a cabo auditorías, evalúan los riesgos y trabajan para resolver los problemas de cumplimiento relacionados con la gestión de accesos. Su papel es vital para mantener la postura de cumplimiento de la organización.

Gestor de acceso privilegiado

Esta función se centra en gestionar y proteger las cuentas privilegiadas, que tienen derechos de acceso elevados. Los gestores de acceso privilegiado implantan soluciones PAM, supervisan el uso de cuentas privilegiadas y garantizan que el acceso a sistemas críticos se gestiona y audita de forma segura.

Especialista en gobernanza de identidades

Los especialistas en gobernanza de identidades son responsables de definir y aplicar políticas y procesos para gestionar las identidades digitales y los derechos de acceso. Se centran en el aspecto de gobierno de IAM, asegurando que los controles de acceso se alinean con las necesidades del negocio y las políticas de seguridad.

Analista de Negocio IAM

Los analistas de negocio de IAM tienden un puente entre los equipos técnicos de IAM y las partes interesadas del negocio. Recopilan los requisitos empresariales, documentan los procesos y ayudan a traducir las necesidades empresariales en soluciones de IAM. Su papel es crucial para garantizar que las implementaciones de IAM respalden los objetivos empresariales.

Estas funciones garantizan colectivamente que el marco de IAM de una organización sea sólido, conforme y alineado con los objetivos empresariales. Los títulos y responsabilidades específicos pueden variar según las organizaciones, pero las funciones básicas son fundamentales para asegurar las identidades digitales y el acceso dentro de cualquier empresa moderna.

Primeros pasos como analista IAM junior

Comenzar una carrera como Analista IAM (Gestión de Identidades y Acceso) Junior puede ser desafiante pero gratificante. Este rol es crucial para la seguridad de la información dentro de las organizaciones, asegurando que solo los usuarios autorizados tengan acceso a los recursos tecnológicos necesarios. Este capítulo proporciona una guía paso a paso para los recién llegados a este campo, cubriendo las bases fundamentales, mejores prácticas, y consejos para un desarrollo profesional efectivo.

1. Entender el Rol y las Responsabilidades

Objetivo: Asegurar que los derechos de acceso en la TI de la organización se concedan de acuerdo a una política definida y que todos los usuarios y servicios estén propiamente autenticados, autorizados y auditados.

Responsabilidades del Analista IAM

Onboarding de Usuarios: Configurar y asegurar el acceso para nuevos usuarios.

Gestión de Identidades: Mantener actualizados los detalles de los usuarios y gestionar solicitudes de acceso.

Seguridad y Cumplimiento: Asegurar que las políticas de acceso cumplen con las normativas de seguridad.

Revisión y Auditoría de Accesos: Regularmente revisar y auditar accesos para evitar privilegios excesivos.

Fundamentos de IAM a Dominar

a. Principios Básicos

Menor Privilegio: Asegurar que los usuarios tengan solo los accesos necesarios para realizar sus tareas.

Separación de Funciones: Evitar conflictos de interés y fraudes al dividir responsabilidades críticas entre diferentes personas.

b. Tecnologías y Herramientas

Directorios de Usuarios (LDAP, Active Directory): Aprender a gestionar usuarios y grupos, entender estructuras de directorio.

Protocolos de Autenticación (SAML, OAuth, OpenID Connect): Comprender cómo funcionan y se implementan estos protocolos.

Herramientas de Provisionamiento y Gestión de Identidades: Familiarizarse con software como SailPoint, Okta, Microsoft Identity Manager, etc.

Comprensión del Entorno de Trabajo

a. Colaboración con Otros Departamentos

TI y Seguridad: Trabajo conjunto para implementar tecnologías y políticas de seguridad.

Recursos Humanos: Coordinación para el proceso de onboarding y offboarding de empleados.

Auditoría y Legal: Asegurar cumplimiento de normativas internas y externas.

b. Procesos Clave a Aprender

Joiner-Mover-Leaver (JML): Entender en profundidad este proceso crítico para manejar el ciclo de vida de las identidades de los usuarios.

Revisión de Accesos y Certificaciones: Aprender a realizar auditorías y revisiones de los derechos de acceso.

Mejores Prácticas y Estrategias

a. Estrategias Proactivas

Actualización Continua: Mantenerse actualizado con las últimas tendencias y tecnologías de IAM.

Automatización de Tareas: Identificar procesos que pueden ser automatizados para mejorar la eficiencia.

b. Desarrollo Profesional

Certificaciones en IAM: Considerar obtener certificaciones relevantes (como CISM, CISSP, o específicas de productos como Okta Certified Professional).

Participación en Comunidades: Engancharse con comunidades online y grupos de usuarios para aprender de otros profesionales.

Enfrentando Desafíos Comunes

a. Desafíos Técnicos

Integración de Sistemas Disparatados: Manejar la complejidad de integrar múltiples sistemas con diferentes estándares de IAM.

Gestión de Accesos a Gran Escala: Solucionar problemas de escalabilidad a medida que la organización crece.

b. Desafíos Organizacionales

Resistencia al Cambio: Convencer a los usuarios y a la gestión sobre la necesidad de prácticas de seguridad estrictas.

Educación y Capacitación: Asegurar que todos los usuarios comprendan sus roles en la seguridad de la información.

Empezar como un Analista IAM Junior es el inicio de un camino prometedor y desafiante en el campo de la seguridad de la información. Dominar los fundamentos, comprender las responsabilidades, y aplicar las mejores prácticas son pasos cruciales para tener éxito. Con el enfoque correcto y una voluntad constante de aprender y adaptarse, uno puede significativamente contribuir a la seguridad y eficiencia de las operaciones de la organización. Este capítulo debe servir como un mapa inicial para nuevos analistas en el campo de IAM, proporcionando la base sobre la cual pueden construir una carrera recompensante.

PUESTOS SUPERIORES DE IAM

Dirigir un equipo de profesionales experimentados plantea sus propios retos, puesto que ya poseen las aptitudes necesarias para destacar en sus funciones. Como directivos, nuestra tarea consiste en mantenerlos motivados al tiempo que alimentamos sus ambiciones profesionales. Quizá se pregunte: "¿Cómo puedo asegurarme de que los miembros experimentados de mi equipo sigan comprometidos?". La solución reside en mantener una comunicación regular con ellos. Estas interacciones sirven para compartir proyectos o retos importantes y recoger sus valiosos comentarios. Nuestro papel no es monopolizar las tareas, sino colaborar con los miembros experimentados de nuestro equipo para lograr el éxito colectivo.

La escucha activa es un tema recurrente, como se ha destacado en debates anteriores. Demostrar confianza en nuestro personal experimentado considerando atentamente sus aportaciones fomenta un entorno en el que se sienten autorizados a expresarse libremente. Sin embargo, es esencial equilibrar este enfoque con la responsabilidad directiva. Como bien dice Kim Scott en "Radical Candor", debemos preocuparnos personalmente al tiempo que desafiamos directamente. Los retos constructivos fomentan el crecimiento, por ejemplo ayudando a articular soluciones en un lenguaje claro y no técnico.

Además, como directivos, debemos facilitar la promoción profesional de los miembros experimentados de nuestro equipo. Esto implica identificar sus aspiraciones profesionales en sesiones individuales. Por ejemplo, a un analista consumado que aspire a convertirse en gestor de proyectos hay que confiarle oportunidades de liderazgo. Al tiempo que ofrecemos orientación y apoyo, debemos dejar espacio tanto para el éxito como para el fracaso, permitiendo valiosas experiencias de aprendizaje.

La defensa de los miembros experimentados de nuestro equipo es igualmente vital. Esto incluye reconocer públicamente sus contribuciones durante reuniones con la alta dirección, respaldar sus decisiones o ideas y ofrecerles apoyo cuando estén contemplando dejar nuestro equipo o la empresa. Estas acciones no sólo transmiten confianza, sino que también infunden confianza en sus capacidades.

En palabras de Steve Jobs, contratar personas inteligentes significa empoderarlas para que nos guíen. Como gerentes, es imperativo prestar atención a los conocimientos de los miembros experimentados de nuestro equipo, fomentar su crecimiento profesional y servir como sus firmes partidarios. Estos esfuerzos culminan en un equipo de personas satisfechas y motivadas bajo nuestro liderazgo.

Cómo conseguir trabajo en IAM

Conseguir un empleo en un puesto de gestión de identidades y accesos (IAM) suele requerir una combinación de formación, habilidades, experiencia y contactos. He aquí una guía paso a paso sobre cómo seguir una carrera en IAM:

Educación y formación:

Obtenga una licenciatura relevante en informática, tecnología de la información, ciberseguridad o un campo relacionado. Algunos puestos pueden requerir un máster o certificaciones.

Considere la posibilidad de obtener certificaciones como Profesional Certificado en Seguridad de Sistemas de

Información (CISSP), Gestor Certificado de Seguridad de la Información (CISM), Auditor Certificado de Sistemas de Información (CISA) o Gestor Certificado de Identidad y Acceso (CIAM).

Desarrollar habilidades:

Adquiera competencia en tecnologías y conceptos de IAM como gestión del ciclo de vida de la identidad, modelos de control de acceso, métodos de autenticación y servicios de directorio.

Familiarícese con herramientas y plataformas de IAM como Active Directory, Azure Active Directory, Okta, Ping Identity, ForgeRock y otras.

Desarrollar fuertes habilidades de resolución de problemas, análisis y comunicación, ya que los roles de IAM a menudo implican la resolución de problemas complejos y la colaboración con varios equipos.

Adquirir experiencia:

Busque puestos de nivel inicial en TI, ciberseguridad o campos relacionados para adquirir experiencia práctica.

Busque prácticas u oportunidades de voluntariado en departamentos de IAM o ciberseguridad para mejorar sus habilidades y construir su currículum.

Asciende a puestos que impliquen responsabilidades de IAM, como analista de IAM, administrador de IAM o analista de ciberseguridad.

Establecer contactos:

Asista a eventos, conferencias y talleres del sector relacionados con la IAM y la ciberseguridad para establecer contactos con profesionales del sector.

Únase a foros en línea, grupos de LinkedIn y comunidades de IAM para conectar con expertos y mantenerse al día de las tendencias del sector.

Aproveche las plataformas de redes profesionales como LinkedIn para mostrar sus habilidades, conectarse con reclutadores y explorar oportunidades de trabajo.

Solicite puestos

Adapte su currículum para destacar las habilidades, experiencias y certificaciones relevantes relacionadas con IAM.

Investigue las empresas que ofrecen funciones de IAM y solicite puestos que se ajusten a sus cualificaciones y objetivos profesionales.

Prepárese para las entrevistas practicando preguntas comunes relacionadas con IAM, demostrando su conocimiento de los conceptos de IAM y mostrando su capacidad para resolver problemas.

Aprendizaje continuo:
Manténgase al día de los últimos avances en tecnologías IAM, amenazas a la ciberseguridad y requisitos normativos a través del aprendizaje continuo y el desarrollo profesional.

Obtenga certificaciones adicionales, asista a cursos de formación y participe en seminarios web para mejorar sus conocimientos y habilidades en IAM.

Siguiendo estos pasos y demostrando su pasión y dedicación por la IAM, puede aumentar sus posibilidades de conseguir un empleo en este campo dinámico y gratificante.

SOBRE EL AUTOR

Maria Bryght es una experimentada consultora de TI, educadora y autora con más de dos décadas de experiencia en el sector tecnológico. Maria ha dedicado su carrera a promover las prácticas de TI, la ciberseguridad y las estrategias de gestión de identidades y accesos en diversos sectores. Sus contribuciones a este campo también se reflejan en sus escritos. Es autora de varios libros influyentes sobre ciberseguridad y TI en general, reconocidos por su claridad, profundidad y orientación práctica.

www.ingramcontent.com/pod-product-compliance
Lightning Source LLC
Chambersburg PA
CBHW052253220526
45471CB00001B/317